目次

変革とは

　ここでいう自己革新の「自己」とは個人ではなく、自らの組織（自社）のことを指しています。革新あるいは変革の目的は「組織をイノベーティブに変える」ことを意味します。つまり本ガイドブックは、自社をイノベーティブに変えるためのものなのです。

1．変革の必要性

　変革の必要性は、外部環境によるものと内部環境によるものがあります。製造業における前者の例として、不況期に得意先から一層のコストダウンや納期短縮、品質向上を求められるケースなどがあげられます。一方、後者は、顧客先がソリューション提案を求めているのに、自社には売り込みタイプの営業マンしかおらず、顧客の期待に応えられないケースなどがあてはまります。

　より顧客の期待に応える、より高い顧客価値を実現することを意図した際に、必然的に「変革」の必要性に直面するのです。

2．変革の種類

　変革には様々な考え方がありますが、ここでは受動的か能動的かで３段階で分類しています。

①順応型

　「変革の必要性」との関連でいうと、外部環境からの必要性によるものは「順応型」と分類されます。世の中の変化に応じて自社も変わらなければ存続できません。

②再生型

　順応型よりも状態が悪い場合です。このままだと企業の存続が危ぶまれるため、経営不振から何とか立ち直ろうとして変革に取り組みます。

③市場創出型

　内部の能力や習慣では、市場や顧客の期待に応えられない場合の変革を「市場創出型」と称します。

　新たな顧客価値を創造し、提案していこうとするものです。推奨するのはこのタイプの変革です。こうした姿勢や態度で臨めば、自主的・積極的に「ありたい姿」を描くことができるのですが、受け身型、対応型だと、その創造（想像）力が働かなくなります。

3．変革認識のレベル

　絶えず変化し続ける世界において、変革は経営における重要課題であるべきですが、変革の意識レベルは組織によって異なります。ここでは4段階で分類しています。

①関心不足

　変革の必要性を認識しておらず、その方法も知らない。この段階では環境変化に対する脅威を感じていないため、自社の環境への不適応状態にも気づいていません。

②知識不足

　変革の必要性は認識しているものの、変革に必要な知識や資源を入手する方法を知りません。変革しなければ会社が存在できなくなるという漠然とした不安は感じています。そのための学習に取り組み、情報を収集すればするほど、危機感が備わってきます。

③熟練志向

変革の必要性を認識しており、テクノロジーあるいはビジネスモデルの変革を生み出すための能力もある程度保有しています。製造業であればテクノロジー、非製造業であればビジネスモデルについて、絶えず変革の可能性を探求する習慣を持ち続けることが重要です。

④独創志向

変革の必要性を熟知し、変革を生み出す能力を備えています。自社の提供価値について、製品価値、業務価値、関係価値がどういうもので、それがどの程度の希少性を持っており、さらには経路依存性～模倣困難性はどうかという検討を掘り下げます。個人では創造性、組織では創発が目指すプロセスです。

4．企業タイプ分類

企業タイプによっても変革への対応に違いが生じてきます。

①生産志向個人企業

小規模企業であり、しばしば個人に直接管理されています。市場や顧客と無関係に、生産志向を繰り返しています。

②管理依存企業

経営と管理を混同して、ヒト・モノ・カネなどを適切に管理することが経営だと思い込み、管理の対象はあくまで「作業～業務」だということを理解できていません。経営に関する知識が不足している一方で、名経営者や有名人の言説に過剰に反応する「オーバー・アダプテーション」の状態です。

変革とは

③戦略強化企業

　マーケティングや戦略に関する基礎的なプロセスは構築されていますが、プロダクトやプロセスあるいは価値提案について検討するためのデータの収集や分析能力が乏しい状態です。マーケティングや経営企画などの部門はあるものの、実務としてのデータ収集および分析が行われていません。データが活用できないため、話し合いは感覚論に終始し、堂々巡りを繰り返します。新たな知識の学習や実践にも多くの時間を要します。

④独自性追求企業

　マーケティングや戦略のプロセスが構築されて、新たな価値創造についての学習・実験と振り返りを行っています。マーケティング、戦略領域に関するほとんどのデータが揃っています。仮にデータがない場合でも、代替資料を用意でき、速やかに新たな調査に着手することができる状況です。特に定性調査のノウハウを自社で保有していることが様々な面において仕事の迅速性につながっています。

5．タイプ別の変革イメージ

タイプ別に変革を行おうとした場合をイメージすると次のようになります。

①生産志向個人企業

　ワンマン・トップダウン型で生産志向のため、社内で自由な話し合いができません。まずボトムアップ型、市場志向の態度・姿勢を身につけるための学習が必要です。

②管理依存企業

　特定の管理手法に固執しており、権威への「依存」が強いため、自分で考えることを放棄し、答え探しや模倣、丸暗記に走ります。経営者も社員の「勉強嫌い」を容認しているので社員が学習しません。トップ自身がまず学習を重ねる必要があります。

③戦略強化企業

基礎データとしての顧客の把握や分析はできていますが、教科書的で十分に掘り下げられていない傾向があります。従来とは異なるコンテクストや意味について解釈・想像し、自由に話し合える場やプロセスをつくる必要があります。ケース・スタディによる学習を繰り返し行うことと、戦略検討のための対話の場を多く創ることが必要です。

④独自性追求企業

個人、集団、組織の創発を生み出すプロセスづくりに果敢に取り組みます。上司による経営でなく、自主経営をリアルに実践しています。変革に取り組む組織の見本になるような理想的企業です。

＊上記のタイプ１と２を変革の初級、３と４を中級として、２タイプの方向性を考えてみましょう。

＊初級レベルに対する全体的イメージ

まず「管理」に関する教育を徹底することから始めます。業務プロセスの３Ｓ（標準化・単純化・専門化）、QCD（品質・コスト・納期）などの徹底を行います。これは、後々戦略やビジョンを考える際の障害にもなり得ますが、「管理」のイメージを持っていないために、管理以前から管理への変革の必要性を感じないという例も多く見ます。ですから、「管理」の教育は不可避です。

その後にビジョンや戦略、ガバナンスなどの学習を行います。管理の対象は業務・作業です。そのため、どこの業種、企業でも同じ方法で行われます。ここで学ぶ思考法は分析型の「答え探し」か、標語や略語の暗記スタイルになってしまいます。これが視野狭窄や創造性の欠如、社内の雰囲気の悪さなどにつながるのですが、この段階でそれを指摘してもおそらく理解できません。

生産志向を市場志向に変革するためには、市場を把握するための知識が必要です。けれども、そもそも市場志向を知らなければ、生産志向であることを自覚することはできません。実際、自ら生産志向だと思っている企業はありません。顧客や市場を理解するというのは、蓄積した顧客情報を何度も読み返し、様々な見方を試みることを意味します。そういうプロセスを経験していなければ、それは生産志向に過ぎません。

変革とは

経営トップの独断による経営から全員経営へと変革するためには、社員が調査や企画の能力を身につける必要があります。特にインタビューや行動観察による定性的調査のことを知らなければ、顧客観察や傾聴によるニーズ把握などができません。

　知識を持たないＫＫＤ（勘・経験・度胸）型の社員を、知識労働者、知識創造者へ変えるためには時間がかかります。少なくとも５年程度はかかるものと覚悟する必要があります。

＊中級レベルに対する全体的イメージ

　管理型で柔軟性のない組織を、創造的で柔軟性の高い組織へ変革します。「新規事業の失敗」、「変化への無為無策」、「戦略の不在」、「３Ｃ（自己満足、保守主義、思い上がり）」、「官僚制の逆機能」、「トップダウン偏重」、「社員の意欲喪失」、「組織の不活性」など、自組織の実際の状況をしっかりと認識することがスタートとなります。

　イノベーティブな組織とは、イノベーションへ導くビジョン、創造性を発揮しやすい組織構造、個人の自発性を促進する雰囲気づくり、効果的なチームワーク、創造的能力の開発、豊富なコミュニケーション機会、イノベーションへの幅広い参加奨励、組織習慣となっている顧客・市場インサイト、創造性や創発重視の企業文化、企業の学習する組織化などへの着手や実現を意味します。こうしたイメージを持てなければ、変革の方向を定めることができません。

変革とは

顧客価値経営の重要なコンセプト

「顧客価値経営ガイドライン」で示されているコンセプト（7項目）は、顧客価値経営の本質であり、哲学でもあります。これは"重視する"程度のレベルではなく、"そう考える"という強い意味なのです。このコンセプトと矛盾する、あるいはこのコンセプトにあてはまらないタイプの経営は、顧客価値経営ではないのです。専門的には、コンセプトは次のように定義されています。

「何かと結び合わせた着想や原理、原則」

特に重要なことは「結び合わせる」思考です。つまり、「関連づけ」や「重ね合わせ」などによって導かれるアイデアや原理です。顧客価値経営のコンセプトを、別の考え方や見方と関連づけたり重ねてみたりすることで、変革のニュー・コンセプトを発見してください。それが変革の第一歩です。

①ありたい姿から今を考える

「ありたい姿」とは、「こういうことを実現したい／実現しよう」といった組織として目指す姿のことです。組織は「ありたい姿」を描き、実現にむけて変革に取り組みます。ビジョンと表現することもできますが、国語辞典では、"ビジョン"が「まぼろし、幻影・・・」（旺文社・第8版国語辞典）」の意味も記載されているように、日本では夢物語的に解釈される傾向があります。「こうだったらいいなぁ」みたいな願望のようなものとして受け取られてしまう面があるのです。そして、夢物語的になると、「報恩感謝」や「共存共栄」などの抽象的できれいな言葉ばかりが羅列されてしまうのです。

「ありたい姿」から考える思考法として、「バックキャスティング」が言われていますが、それにピタリとくる好例が次のコラムです。始める前にプロセスをすべて想像するということです。佐藤郁哉氏はリサーチの本の中でこのエピソードを紹介していますが、これも新たな結び合わせの一つです。

コラム　実験（調査）を始める前に論文を書く

　アレルギー反応において中心的な役割を果たす分子、免疫グロブリンEを発見したことで知られる石坂公成氏は、免疫学における世界的権威である。彼は米国における師であるカルフォルニア工科大学のダン・キャンベル教授から貴重なアドバイスを受けたことを述べている。それは、「実験を開始する前に論文の草稿を書いてしまう」というものである。石坂は、これについて次のように述べている。

　実験を始める前に論文を書けばどのくらい材料が必要かもはっきりするし、予想に反した結果が出た時でも、それが間違いかどうかがわかるような実験計画をたてることができる。したがって予想に反する結果が出た時でも、その実験は無駄にはならない。

　この石坂の指摘によって改めて確認できるのは、論文の草稿全体で展開されているストーリーを一種の仮説、つまり物語型仮説として考えることができるという点である。

佐藤郁哉『社会調査の考え方』

②創発の機会を増やす

　従来の経営論は、あらかじめ計画してその通りに実行する考え方が主流でした。それはそれで大切ですが、一方で、工場の片隅や、研究室、売り場、オフィス、あるいは研修所など、いたるところでアイデアや発見が偶発的に生まれてくることも重視しています。それを創発といいますが、創発を積極的に促し、活かす経営を意図的に目指します。つまり、アイデアを生み出したり、新たな組み合わせを考えたりすることを、誰もがやりたくなるような経営を目指すのです。

顧客価値経営の重要なコンセプト

計画型と創発型の比較

	計画型	創発型
環境のタイプ	クラシカル	アダプティブ
最重要要件	規模を拡大する	素早く動く
思考方法	分析、計画、実行	多様化、選択、拡大
経営スタイル	トップダウン（本社スタッフによる計画）	ボトムアップ（第一線による企画）
評価要素	規模、シェア	サイクルタイム、新製品比率
主要な手法	経験曲線、PPM、ファイブフォース、ケイパビリティ	タイムベース競争、一時的優位性、シンプルルール

顧客価値経営の重要なコンセプト

　大きな成功をおさめた戦略の多くが創発型の戦略です。ジョンソン＆ジョンソンは、もともと殺菌ガーゼと医療用ギプスのメーカーでした。ある時、医療用ギプスの使用によって皮膚に炎症がおきたとのクレームが寄せられ、同社はそれに対処するため、出荷するギプスにパウダーを添えます。それからまもなく、消費者から「パウダーだけを買うにはどうすればいいのか」という声が寄せられ始めました。そして同社は、「ジョンソン、トイレ＆ベビー・パウダー」というブランド名の商品の発売を開始しました。

　また、同社のある従業員は、料理中にたびたび誤って指を切ってしまう妻のために、その場ですぐ使えるように救急絆創膏を小さくカットしてあげました。そのことを耳にしたマーケティング・マネジャーがそれを製品化しました。その製品（バンドエイド）は、その後同社において最大の売上高を誇るブランドカテゴリーに成長しました。同社が当初意図していた戦略は、医療用製品分野における競争戦略でしたが、その後「出現した」消費者向けビジネスは、同社の売上高の4割を占めるまでになったのです。

　マリオット・コーポレーションの事例も創発型戦略です。もともとレストラン事業を営んでいた同社は、1930年代後半に8店舗のレストランを経営していました。そのうち1店舗は、ワシントン地域の空港に近接していました。その店のマネジャーは、飛行機の乗客が機内での食事を買い求めるために店舗を訪れることに気づきます。このことに注目したJ・ウィラード・マリオットは、イースタン航空と交渉して、1人分ずつパックしたランチを直接飛行機に届けるビジネスを確立します。その後他の航空会社にも拡大し、飛行機の乗客向けの食事配達サービスは、同社

の中核的な事業になりました。同社が当初意図していた戦略は、レストラン事業で生きていくことでしたが、いまや全世界の100カ所以上の空港で、この「創発した」食事サービスを展開しています。

　意図的ではなく、偶然によって生まれるものは市場機会に限りません。知識や経験を偶発的に入手することもあります。次のコラムは、トヨタにおける「重量級プロダクトマネジャー」です。それを通じた「能力構築能力」も創発プロセスなのです。

コラム　重量級PM

　トヨタの製品開発力を支えるものに「重量級PM制度」がある。これはもともと戦前の航空機産業のシステムが移転したものといえるが、単に航空エンジニアが移籍したということであれば、事実上日本のすべての自動車メーカーがこれに該当する。運がよかったのはトヨタだけではない。にもかかわらず、1950年代に主査制度を確立して以来一貫して重量級PM制度を維持してきたのはトヨタのみである。実際にこうした開発組織のもつ競争優位性が顕在化し、他の日本メーカーがこの方式へと近づいてくるのが1970年代後半以降としても、トヨタの主査制度発足からの時間差は20年以上ある。この間、重量級PM制を維持してきた背景には、トヨタ開発陣の先見性もさることながら、いったん獲得した制度の保持という面での事後的な学習能力が明らかに存在する。他のメーカーでも、開発リーダー個人のスタイルとして重量級PMのような行動様式をとった例はみられるが、1960年代の時点で全社的制度として確立していたのはトヨタのみである。

　一般にトヨタといえば、ジャストインタイム方式を生み出した企業として、その経営構想力や独創性が強調されることが多い。しかし、むしろ試行されたシステムを競争能力に結びつける事後的な能力の面で、地味だがコンスタントな力を持っている。反面、必ずしもはじめから先見性を持ってシステムを選択しているわけではない点にも注意すべきである。

　いわゆるトヨタ的なもの造りシステムの形成過程において、この企業が常に「先見の明」を持って、つまり事前合理的に組織ルーチンを選択してきたとはいいにくい。にもかかわらず、結果においてトヨタは長期安定的な競争優位を実現してきた。こうした、いわば事前合理性と事後合理性の微妙なギャップこそが、この会社の一番面白い側面である。

その背後には、意図せざる経緯でいったん試行された活動のなかに潜在する競争機能を事後的にみつけ出し、これを再解釈し、精製し、組織ルーチンとしていち早く制度化する、という点における、この企業独特の組織能力があったと推定される。創発的なシステム進化においては、事前の構想力に劣らず、事後的な能力構築能力が重要な役割を果たす。

二十世紀後半の日本の自動車企業の生産・開発能力は、創発的な能力構築プロセスを通じて形成された。このプロセスで抜きんでた成果を上げたトヨタ自動車をみると、そこに何か起こっても最後は学習してしまうしぶとい組織能力が存在することがわかる。それが「進化能力」である。

そして、創発的なプロセスを通じて形成された組織能力は、当事者の企業自身でさえ、その内容と形成プロセスの全貌を明示することが容易でない。ましてや、ライバル企業が、それをトータルシステムとして理解することは、至難の業である。創発的な組織能力は、ライバルにとって認知しにくく、模倣しにくい。合理的計画のみに基づく能力構築と違って、システム構築のプロセスを再現してみせることが、当事者にとってもライバルにとっても難しいからだ。

藤本隆宏『能力構築競争』

顧客価値経営の重要なコンセプト

③意味・価値を探究し続ける

　意味や価値を考えることは決して容易ではありません。だからといって、易しく言い換えたり、わかりやすく書き直すことはできません。自ら考えることは簡単ではありませんが、簡単な答え探しに走ってはいけません。

　同じ製品・サービスでも、背景や状況により異なった文脈を持ちます。それを文脈依存性といいますが、これを用いて、異なった価値や意味を探求するのです。

　アートで特に大切なのが「意味」です。美しいデザインのために大事なことは「コンセプトの統一性」ですが、これは分割できません。そして、意味を発見するための思考法としては、経済学や経営学よりも言語学のほうがヒントになるかもしれません。現実に、クリエイティビティを伸ばすための書籍には、効率も原価も登場しませんが、メタファーやアナロジーのことは数多く出てきます。次のコラムも言語学分野では有名な「一般意味論」の思考の一つです。

コラム　ふたつのはしご

　私たちの経験の対象は、事物そのものではなく、私たちと何かとの相互作用である。牝牛ベッシーは独特であり、彼女と同じものはない。けれど私たちは、自動的に原子レベルから彼女が他の動物と、形・機能・習慣などで似ている点を抽象、すなわち選択して、彼女を牝牛として分類する。

　だから、私たちが「ベッシーは牝牛である」というとき、私たちはただ「原子ベッシー」と他の牝牛との類似に注目し、差異は無視している。

1．原子、電子レベル…科学で説明される諸特性
2．実際に知覚するメス牛ベッシー…実態は語ではなく、経験の対象である。
3．ベッシー…知覚対象の牝牛に与えた名称であり、名は対象そのものではない。ただ対象を代表し、対象の諸特性の多くの言及を省く。
4．牝牛…牝牛Ａ、牝牛Ｂ…に共通する特性を抽象したものを代表する。特定の牝牛に特有の特性は捨てられている。
5．家畜…ベッシーが「家畜」と呼ばれるときには、彼女が豚、鶏などと共有している特性だけが言及されている。

6．農場資産…ベッシーが「農場資産」に含まれるときには、ただ彼女が他のすべての農場の売れる物件と共通の点だけが言及されている。

7．資産…ベッシーを「資産」というとき、なお多くの彼女の特性が抜け落ちている。

8．富…「富」とは極めてレベルの高い抽象で、ベッシーのほとんどすべての特性への言及は省略されている。

ハヤカワ『思考と行動における言語』

④様々な手段を尽くして、理解を深める

　「様々な手段を尽くして理解を深める」ことは、一見すると当たり前に思われますが、これは「センスメーキング」を示唆しています。物事をすぐに理解するというのではなく、何回も話を聞く、現場を見ることで、「あぁ、それってこういうことなのか」と徐々にとわかっていくことがあります。つまり、あの手この手でいろいろな見方をしてみることによってわかってくる。だから、一つのものの見方だけで、あるいは一回見ただけで分かるとか分からないとか決めないようにしよう、ということです。

　様々な見方をする方法として、多様性を高めることもその一つです。性別や年齢、人種など様々な人がいることで多様性が高まるといわれ、次には「人の多様性」よりも、「考え方の多様性」が重要だという議論になってきました。もう一つ、「インターディシプリナリー」を意識的に高めることをすすめています。これは様々な学問や専門分野を横断して、諸科学関連的にアプローチするという意味です。メンバーの多様性とは別に、メンバー一人ひとりが意識的に複数の専門分野を持つことで多様性を高めることができます。

　単純な状況と複雑な（複合的）状況では思考の方法も異なります。複合的な状況に対処するためには、多様性思考が求められるのです。

顧客価値経営の重要なコンセプト

単純な問題状況と複合的な問題状況

	単純な状況	複雑な状況
特徴	少ない同種要素 弱いネットワーク性 僅少な諸要素の行動可能性 限定的で安定的な作用経過	多くの異種要素 強いネットワーク性 諸要素の多くの異なった行動可能性 多くの不安定な作用経過
把握可能性	完全に分析できる 定量化可能な行動 予測可能 ＝分析的に説明できる ＝確実性を実現できる	限定的に分析できる 限定的に定量化可能な行動パターン 認識可能 ＝総合的に理解できる ＝不確実性を低減できる
モデル	機械 単純システム	生態系 複雑システム
適した思考方法	因果分析的	相互関係的
問題解決方法	精密な定量的方法	不精密な定性的方法
問題タイプ	問題状況は簡単 見通しできる 短期的	問題状況は複合的 多種多様な影響・行為要因 長期的
方向づけ	短期的攪乱の除去	長期的発展の創造
レベル	中間管理職	上層幹部
管理区分	危機管理・業務管理	戦略・規範的管理

⑤思索的に対話を深める

　対話の重要性は、いまさら言うまでもないのですが、あえて思索的としています。いわゆるカンバセーション、単なる会話に深い思考は必要ありません。「こんにちは、最近どうしてますか？」というのは単なる会話です。ディスカッションは、「私はこう思う」、「いや、私はそうじゃないと思う」といったやり取りです。これよりもさらに深く、「このような考え方をすることはできないだろうか？」、「確かにそのような考え方もありうるね」といったような、今まで踏み込んだことがないけれども、そう考えてみたらどうだろう、全く違う世界が広がってくるんじゃないか、あるいは違うものが見えてくるんじゃないか、こういう所に何とかして踏み込みたい、踏み込んでいけないだろうか、というのが、この思索的対話の意味なのです。

単純な問題状況と複合的な問題状況

	会話 （カンバセーション）	議論 （ディスカッション）	思索的対話 （ダイアログ）
目的	交流・共有	結論・合意	探求・発見
状況	おしゃべり （井戸端会議）	会議 （交渉・調整）	語らい （哲学・思索）
やり方	・結論を出そうとせず、思いつくままに話す ・話の道筋を気にせず、自由な会話を楽しむ ・理解よりも共感を求め、同じ気持ちをもち合うようにする ・場が白けないように、真剣に話しすぎない	・意見をぶつけ合い、より良い考えを導き出す ・自説の正しさを主張して相手を説得する ・事実に基づいて、論理的に話し合う ・全員が納得する合意をつくりあげる	・結論をまとめようとせず、探究を続け、新しい考え方・見方を導く ・主張（語ること）と探索（考えること）のバランスをとる ・判断を保留し、対立を恐れず、新たな考えを出し合う ・隠れた前提（思い込み）を疑い、多様な視点から考える
例	・ねぇ、私の話を聞いてくれませんか ・そうだよね、それって確かにあるよね ・ところで、話は全然かわるけどさぁ	・それは、…の点で間違っています ・そこは…と考えるべきではないでしょうか？ ・今回は、…ということでよろしいですか？	・なるほど。そうすると、こんな見方もあるのでは？ ・でも、本当にそうなんでしょうか？ ・こういう考え方についてはどう思いますか？
ルール	年齢や肩書を忘れて、対等な関係で話す。互いの話をよく聴いて受けとめ、共感し合う。思ったことを率直に出し合う。真剣に話しすぎず、相手をやっつけない。無理に話しをまとめたり、決めつけたりしない。	事実に基づいてゼロベースで考える。立場を離れて、すべて自分軸として話し合う。愚痴や文句を言わず、粘り強く前向きに議論する。聖域をつくらず、思い込みや決めつけをしない。全員のコンセンサスを大切にする。	発言をよく聴き、判断を保留して探究する。言葉にこだわり、自分の経験をもとに語る。思い込みを打ち砕き、多様な視点で考える。対立を恐れず、新たな考えを探し出す。無理にまとめず、意味の発見を楽しむ。

顧客価値経営の重要なコンセプト

⑥洞察の習慣を創る

　洞察のもとになるのが観察です。仏教では、「心を対象にそそいで（こころの）はたらきを静める」状態を「止」といいます。そして、その「止」で如実に観ることを「観」といいます。

　そうした集中とは別に、「真実」とは「現象そのもの」であるから、真実の把握とは「できるだけ多くの現象を知ること」でもあります。いくら集中しても一つの例しか知らなければ、洞察の「洞＝さとる」ことができません。「さとる」ためには、様々な例を知らなければならないのです。

　洞察よりも「インサイト」といったほうがわかりやすいかもしれません。洞察という言葉は、日本では昔から盛んに使われているので、なんだか「もっと考えましょう」と当たり前のことを言っているように感じられてしまいます。そういう意味ではなくて、新しい角度から物を見たり、従来見えなかったことを何とか見いだそうとするような、より深く、より大局的に、より俯瞰して見る、といった意味を含んでいます。つまり従来通りの見方で簡単に結論づける、わかったつもりになるということをやめようということです。

　インサイトは、関係のないもの同士を関連づけることで独特な文脈＝コンテクストを見いだすことです。最近では、クリステンセンの「ジョブ理論」が有名ですが、次のナポレオンの思考法が典型的です。

コラム　ナポレオンの関連づけ思考

　１７９３年９月、南フランスのトゥーロン港は、フランス海軍にとって南部沿岸の最重要拠点であった。イギリス軍がここに軍を送って制圧したため、フランス革命軍は町を包囲し、反撃の準備をしていた。当時２４歳だったナポレオンもトゥーロンに馳せ参じ、任務を遂行しようとしていた。

　司令官は、トゥーロン要塞を、銃剣を持って正面から襲撃しようと考えていたが、ナポレオンには全く別の考えがあった。それは、トゥーロン近隣にあるレギエットの小さな砦を奪取すれば敵は退却するというものである。だが、司令官はナポレオンの提案を受け入れずに計画通りに攻撃し、惨憺たる結果に終わる。その司令官は更迭され、後任の司令官はナポレオンの戦略を採用し、トゥーロン攻囲戦は勝利する。

　この時、ナポレオンが用いた情報源について、後世の戦史研究家が解明している。

それは、等高線地図、軽カノン砲、アメリカ独立戦争、そしてジャンヌ・ダルクである。等高線地図から、彼はトゥーロン湾を一望する崖の上にある小さな砦レギエットに気づく。軽カノン砲は、人力で崖上に持ち運ぶことができる重量である。ここまでは、軍人としての専門的直観である。

第3の鍵は、アメリカ独立戦争である。1776年のボストン包囲戦で、ヘンリー・ノックス少佐は湾を制圧するために、ドーチェスターの丘にカノン砲を運び上げた。町を占拠していたイギリス陸軍は、海軍から切り離されることを恐れて退却し、船に戻ってそのまま出帆した。また1781年のヨークタウンの戦いでも、フランス海軍は町を占拠していたイギリス陸軍を海軍から孤立させた。イギリス軍はジョージ・ワシントン将軍に降伏し、アメリカ独立戦争は終結した。以来、イギリス陸軍は海軍から孤立することを非常に恐れるようになった。トゥーロン攻囲戦は、ヨークタウンの戦いから12年後のことであった。

第4の鍵は、ジャンヌ・ダルク率いるフランス軍がイングランド軍の支配から解放された、1429年のオルレアン包囲戦である。彼女は、都市を囲む小さな砦を奪取することによって、主要な砦の争奪戦を行わずして間接的にオルレアンの要塞を救い出した。

トゥーロンでは、これら4つの鍵がナポレオンの頭の中で結びついた。等高線地図によって、レギエットがオルレアンの地における小さな砦に相当することが示された。軽カノン砲を運び上げれば、ボストンやヨークタウンでの戦いと同様に、湾を制圧してイギリス陸軍を海軍から孤立させることが可能になる。このトゥーロン攻囲戦の例を通じ、戦略的直観をもたらすひらめきには、例外はあるものの、専門的直観と同一の構造があることがわかる。この例外とはすなわち、頭の中で結びつけられる断片的な情報が、戦略家の直接体験をはるかに超えた戦争に由来していることである。このことによって、断片的な情報が結びついた結果生まれるひらめきは、非常に大きなものになる。当時のナポレオンにはトゥーロン攻囲戦のような戦場経験は全くなかったが、別の過去の戦場で用いられた手法の中から、断片的な情報を引き出している。その組合せは新しかったが、組み合わせられた手法そのものは過去に用いられたものだった。ナポレオンは自叙伝の中で、過去から独白の戦略を編み出すさまを次のように述べている。

兵法は、歴史上輝かしい功績を残した偉大な指導者、すなわちアレキサンダー大王、ハンニバル、カエサル、グスタフⅡ世、テュレンヌ、サヴォイア家のオイゲン、フリードリッヒⅡ世に由来する。…こうした先人による83の軍事作戦こそが、私の兵法大全だ。

⑦制約条件を変える

　私たちは長年使ってきた"見方"でものごとを見る習慣ができています。その習慣のままでは、いくら別の見方をしようとしてもできません。従来常識になっている、教科書に載っているような「ものの見方や考え方」が絶対に正しいと思いこみ、それで考えてしまうわけです。

　例えば投資費用モデルだけで経営を考えていると、口では顧客価値が大事などと言っても、本音では売上げや利益をどう高めようかと考えてしまいます。こういう人は、例えば顧客価値を、客単価を上げるにはどうするかと論点をすり替えます。そうすると、より付加価値の高いもの、高価なものを開発しようという話になってしまいます。あるいは客数を増やすにはとすり替えて、販売点数を増やす、変動費（原価）を下げるという話になってしまうのです。こうして、いつの間にか顧客にとっての価値という見方が消えてしまうのです。

　戦略や変革について考えたり、取り組んだ経験のない人は、業務や作業を前提とした「管理」しか知らないので、イメージすることができません。業界他社と異なるコンセプトを考え出すこと、業界常識となっている「成功のパターン（という罠）」から抜け出すことを考えられないのです。

　PDCAや5Sは、いずれも管理の視点であって、それを使って経営を考えることなどはできません。下位の概念から上位を思考するというのは、論理的に不可能なのです。「制約条件を変える」ことは、「管理発想から抜け出す」ことと同様の意味を持ちます。管理と経営との違いを明らかにすることが顧客価値経営の鍵でもあるのです。

コラム　PDCAと報連相

　日本企業の内情に詳しい経営学者のクリスティーナ・アメージャン氏も、ＰＤＣＡが上司から部下へのマイクロマネジメント的な指示として使われる傾向があると指摘しています。彼女は、日本企業における働き方の中で外国人の目に異様に思え、また、結果として日本企業の労働生産性を著しく低下させている要因としてマイクロマネジメント的な傾向をあげています。彼女によれば、その典型は「報連相」とＰＤＣＡだということです。アメージャン氏は、これについて次のように書いています。

　例えば、「PDCA」や「ホウレンソウ」。日本企業はこの二つが大好きだ。重要な内容ならわかるが、重要でないものまで同じ労力や時間をかける職場が多い。上司が安心のため部下にそれを求め、こまめにやる部下を評価しがちだ。

佐藤郁哉『大学改革の迷走』

顧客価値経営の重要なコンセプト

経営の設計図

1．経営の設計図の構成

「経営の設計図」の根幹部分は、「Ⅰ．ありたい姿」から「Ⅵ．組織変革目標」の6項目で構成されています。

> Ⅰ．ありたい姿
> Ⅱ．戦略
> Ⅲ．組織能力
> Ⅳ．顧客・市場
> Ⅴ．顧客価値
> Ⅵ．組織変革目標

「Ⅱ．戦略」は、「Ⅰ．ありたい姿」に向けた筋道やストーリーです。「ありたい姿」に向けてどのような道を進むのかを検討していくのです。これこそが経営を検討することであり、変革を考えることなのです。

次に、ありたい姿から「Ⅲ．組織能力」を明確にします。「組織能力」は、戦略に対応して価値を創造することです。価値を実現、統合、展開する。戦略を実現するための組織の能力が「組織能力」です。従来の組織能力をより発展させることも当然ありますが、それと全く違うものを学習、蓄積していく必要があるかもしれません。

さらに「Ⅳ．顧客・市場」や「Ⅴ．顧客価値」を明らかにします。従来とどのように変わるのか、もしくは変える必要があるのか。「顧客・市場」のベースとなるのは、市場を理解するためのセグメンテーションです。市場を細分化して市場ごとの違いを発見したり、市場ごとの違いの意味を掘り下げます。「サイズの違いだと思っていたが、新しい見方をするとテイストや肌合いの違いだと分かった」といったように、別の視点から違いを見出します。

「顧客価値」に関連して、事業領域や範囲を明らかにする「ドメイン」という視点があります。ドメインは、ターゲット＝顧客・市場、ニーズ＝提供価値、ノウハウ＝提供方法の組み合わせを見るものです。これはちょうど、ⅢからⅤの項目に相当します。

ターゲットが「Ⅳ．顧客・市場」、ニーズが「Ⅴ．顧客価値」、ノウハウが「Ⅲ．組織能力」にほぼ相当するわけです。

　つまり【Ⅱ．戦略】は、【Ⅲ．組織能力（＝ノウハウ）】、【Ⅳ．顧客・市場（＝ターゲット）】、【Ⅴ．顧客価値（＝ニーズ）】の組み合わせと捉えると、ⅡからⅢ・Ⅳ・Ⅴを見ることもできるし、逆にⅢ・Ⅳ・ⅤのそれぞれからⅡを検討することもできます。検討する、洞察する、掘り下げることは、そのように行き来して考えていくことを意味しています。最後に「Ⅵ．組織変革目標」を設定して組織を変革していきます。

　つまり、組織変革目標は、経営の設計図の作成過程を通じて考えながら次第に作り上げていきます。「組織変革目標はこうだ」と急に思いついて設定するものではなく、自然に導かれるように検討を進めるものなのです。

２．「ありたい姿」を描くための①〜④のステップ

　経営の設計図の標準１０ステップのうち、①〜④は、「ありたい姿」を描くための要素を導き出すステップとなっています。「①自組織の歴史を振り返る」は、いわゆる出来事の系列を考えてみることです。創業以来、様々な出来事があったことでしょう。単独の出来事で構成される物語もあれば、複数の出来事が複雑に絡み合った物語もあるはずです。そして、それらの物語に経路依存性（パス・ディペンデンス）を見出していきます。経路依存性とは、過去の意思決定や出来事などが現在に大きな影響を与えていることを指します。いくつかの物語が複雑に組み合わさっている場合には、経路依存性の相互作用もみていく必要があります。それらを整理したり話し合うことで、自社のストーリーや文脈、経路依存性を明らかにしていくのです。

　これによって「②自組織の強み・価値観」が探求されてきます。それは企業独自の文脈によって異なります。その異なる文脈の中に個性のようなものが徐々に整理されていくでしょう。意味や価値を創り出す要素もそこに含まれます。

　「③これまでの成功ストーリーをまとめる」では、ミニ・ストーリーや小さな成功、小さな失敗もあるでしょう。そのようなものが少しまとまると、中くらいのストーリーになります。それがさらにまとまって大きな全体のストーリーとなるのです。このように、ストーリーとして大中小を見出していく事ができるのです。

　「④ビジネスモデルと環境変化」への理解を深めます。経路依存性、つまりある特定のことが成功につながっていることと、それによって顧客に提供する価値が形成されていく、それが文脈としてどのように整理できるかということです。これが

ビジネスモデルと環境変化の理解です。

　こうして自組織の歴史からビジネスモデルと環境変化までを踏まえて、「ありたい姿」を描く土台ができてくるわけです。

---

3. 変革の焦点

　実践領域は、次のように構成されています。各領域は、経営の設計図の項目と対応しているわけです。

「ありたい姿―リーダーシップ・社会的責任」

「戦略―思考・実践」

「組織能力―向上・最適化」

「顧客市場―洞察・理解」

「顧客価値―創造・提供」

「事業成果―持続性・卓越性」

　変革実践サイクルは、活動内容の検討、活動目標や指標の設定、活動の実行、活動結果の測定、活動の振り返りの5つの過程で構成されています。

　変革に向けての具体的な活動を検討して、活動の目標や指標を設定し、組織的に活動をして結果を測定するのです。結果から活動の振り返りを行うという"サイクル"という考え方です。変革実践サイクルを回すことは、単純に業務をスムーズに行うことではありません。むしろ、あちこちにぶつかりながら、左に行って右に少し戻ってみる、上にぶつかったら下がってみる、などと行ったり来たりすることが欠かせません。もしすんなりいったとすれば、それはサイクルを回しているのではなく、手抜きをしているわけです。思考や実践は直線ではなく、蟻のランダムウォークのようにジグザグモードなのです。

　なお、「事業成果」では、社員満足度調査や顧客満足度調査の結果は必ずしも必要ではありません。こうした調査は実際の価値創造に活かすものであって、調査そのものを目的とするものではありません。もしそれ自体を目的にすると、単に好結果を導くための調査になってしまいかねません。調査自体ではなく、調査結果からどう変革を導くのかに焦点を絞ってください。

変革1　ありたい姿

1.「ありたい姿」という表現

　「ありたい姿」は、夢物語や願望のようなニュアンスではなく、「何とかして本気で実現したい」、「こうしたい」という強い意志を持つものです。さらに、ストーリーとして「描ける」、「わかる」、「表現できる」ことを重視しています。標語やスローガン的な表現では、どのような顧客価値を創ろうとしているのかわかりません。

　従来の経営の主流になっている考え方の1つに、「売上を向上させる」、「利益を確保する」というものがあります。おそらく無意識のうちにこの前提で経営している会社が多いのではないかと思います。投資費用の思考です。大学で学ぶ経営学では、生産や販売などの効率を高める、あるいはインプットとアウトプットという思考で経営を考えるわけです。これらをすべて受け入れると、変革であればなんでもいいということになってしまいます。ここでは顧客の価値を高めることを目的とした変革に焦点を絞っています。

2.　顧客焦点

　「中途半端な変革は成功しない」、「MTP（Massive Transformative Purpose ＝思い切った大変革）を宣言しなければいけない」、ということが言われます。変革は大風呂敷を広げたほうがうまくいくのでしょうか。確かに有名な変革事例の多くは MTP にリードされているようです。

　しかし、実際に変革に取り組んできた人達に尋ねると、「最初から大げさな変革ストーリーを提示されても、多くの社員は腰が引けるだろう」と強調します。変革のスタート時点では、「ひどい状況の会社をまず普通の状態にする」ことが必要なのだとも言われます。

　変革の位置づけを顧客価値に焦点化し、テーマを戦略とドメインに限定しています。両者は関連していますから、行き来往来で考えるというやり方もできますが、一つずつ取り組んでいくという方法も可能です。

コラム　よいビジョン、悪いビジョン

☆ＧＥとウェスティングハウス

　ジャック・ウェルチはＧＥがぶつかった課題について、こう述べている。第一のステップとして、何よりもまず取り組むべきは、「会社が目指す方向を、幅広くはあるが明快な言葉で示すことである。会社全体にとって意味のあるメッセージ、大きな方向を指し示すが単純でわかりやすいメッセージが必要だ」。たとえば、どういうメッセージだろうか。ＧＥが打ち出した方針はこうだ。「参入したすべての市場でナンバー１かナンバー２になり、当社を、小さな会社のスピードと機敏さを持つ企業に変革する」。ＧＥの従業員はだれでも、このメッセージを完全に理解したし、忘れはしなかった。ＧＥのこの明快なビジョンを、ウェスティングハウスが１９８９年につくりあげた理解しにくく、覚えにくい「当社のビジョン」と比較してみよう。

ＧＥ	ウェスティングハウス
参入したすべての市場で ナンバー１かナンバー２になり、 当社を小さな企業のスピードと 機敏さを持つ企業に変革する	トータル・クオリティ 市場のリーダー 技術主導 グローバル 焦点を絞った成長 多角化

　ここでのポイントは、ＧＥの目標が「正しく」、ウェスティングハウスの目標が「間違っている」ということではない。そうではなく、ＧＥの目標が月旅行のように明確で、説得力があり、進歩を促す可能性が高いものであることがポイントである。ビジョンが正しいものなのか、ビジョンで従業員が正しい方向に進もうとするのかは、小さな問題ではないが、このように問題を立てていては、肝心な点が見えなくなる。ビジョンについて肝心な点をつかむには、こう考えるべきである。「前進をもたらしているか。勢いをつくりだしているか。従業員はやる気になっているか。社内に活力がみなぎっているか。刺激的で、興奮させられる大胆な冒険だと見られているか。従業員は創造力を駆使し、エネルギーを注ぎ込むつもりになっているか」。

　　　　ジェームズ・Ｃ．コリンズ,ジェリ・Ｉ．ポラス『ビジョナリー・カンパニー』

☆ワーキング・ルール

　ビジョンについて、野中郁次郎氏は、「ビジョンがワーキング・ルールになっているか」という視点から評価する。

変革1　ありたい姿

何が二つのタイプの企業を分けているのか。それを探っていくと、ビジョンがワーキング・ルールになっているかというところがポイントになります。例えば、ＧＥはビジョナリーでウェスティングハウスがコンパリソンだというわけですが、ＧＥは、われわれの奉仕するあらゆるマーケットにおいて１番か２番にならないといけない、そして、わが社を小企業のようなスピードと俊敏性をもった会社に変革したいと言っている。これらは末端の現場でもある程度正当化できます。ところがウェスティングハウスは、トータル・クオリティだ、マーケット・リーダーシップを握るんだ、技術志向になろう、グローバルーカンパニーを目指す、フォーカスする、多角化を積極的に進めると、全部言っているけれども、何も言っていない。ワーキング・ルールになっていない。こういうことの集積が差になっている。

そして、さらに私なりに調べてみると、ビジョナリー・カンパニーには、確かにワーキング・ルールがあります。３Ｍは、イノベーションだ、「汝新製品のアイデアを殺すなかれ」、と言っています。これは旧約聖書をもじっているわけです。これは非常に意味深長です。アイデアの段階でもうだめだと言ってしまえば、人間をいちばん簡単に殺せる。われわれなども相当弟子を殺しているのではないか。私のセオリーとかアイデアに反抗するような者に対しては、それはやめておいたほうがいいとか言って、早い段階で殺しているんじゃないですか？　こうやって殺すのがいちばん簡単だ。しかし、もし会社がイノベーションを至上の価値とするなら、これはやってはいけないぞというわけです。しかも、アイデアの評価能力というのはいちばん難しいんじゃないでしょうか。アイデアを殺すなというのは非常に意味深長なことです。

ボーイングは「航空学の世界に寝食を忘れて没頭しろ」と言います。考えているだけではだめなんです。一緒に寝ないと、一緒になって行動しないと、だめなんです。

ＩＢＭも、顧客を満足させる時間を惜しんではいけないと言っています。Go the 1st mile to do things right. もう一本の電話、もう１マイルという、ここだ。最後の１マイルを行くか行かないかで勝負は決まるんだ。頑張れ。

メルクは、われわれは、人びとの生命を維持し、生活を改善する仕事をしている、と。ここらは誰でも言うところですが、しかし、この目標を達成できたかどうかですべての行動を評価する。We are in the business of preserving and improving human life. All of our actions must be measured by our success in achieving this goal. これがワーキング・ルールになっています。

ウォルト・ディズニー。No cynicism allowed.「皮肉な考えは許さない」。この、シニシズムというやつも知をつくるときの最大の障害の一つです。特に、頭でわかっているやつが集まってくると、何か新しいことを言うと、批判し、先が見えた、やめようという話が出る。何か出ると、すぐに分析的なことを言ってだめだという。

野中郁次郎他『イノベーション・カンパニー』

変革や経営革新には様々なアプローチがあり、それぞれに特徴があります。顧客価値経営のアプローチでは、経営の目的をお客様の価値を高めることにあるとし、お客様の価値をより高めるための変革に焦点を絞っています。

売上や利益の向上、生産や販売の効率を高める、といった考え方を否定するものではありません。一義的には顧客の価値が第一で、まずそこから考えて、次に売上や利益、効率を検討する。効率や売上ありきで、顧客価値が二義的三義的に出てくるというのでは困るということなのです。最優先すべきは顧客価値である、ということを考えていきましょうというのが「ありたい姿」の意味に込められています。

3．従来思考からの脱皮

また、「ありたい姿」のなかで、従来の思考から脱皮することを願っています。言い換えると、ありたい姿を本気になって考えるという事です。本気でないものの典型が道徳律です。道徳律は書籍を読めばいくらでも出てきます。例えば箴言とか格言とかいう類のものです。話し合いの時に口に出すのは大いに結構ですが、これだけでは「ありたい姿」が具体的になりません。

例えば「誠心誠意」は大切なことなのですが、それを「ありたい姿」に掲げるという時の思考プロセスはどのようなものでしょうか。具体的に社員の方に誠心誠意がどういうＴＰＯＳでどういう行動になるのか、あるいはそれが実際の価値としてはどういうものになるのか、現実に提供する価値はどういう形になるのかが、そうでないものとどう違うのかが具体的に描けなければいけません。

もちろん、理念型の経営で、シンシアリティ、誠意をビジョンとして掲げて大成功している企業も存在します。その企業は、単なるスローガンではなく本当に徹底しているのです。相手に誠意をもって尽くすか否かということを絶えず自問自答することを社員に求めています。それならば「誠心誠意」の意味が分かります。実践的な行動を伴わず、ただ誠心誠意を掲げても言葉だけになってしまいます。

「共存共栄」や「相互繁栄」も、それ自体が悪くはありませんが、「ありたい姿」としてはふさわしくありません。少なくとも十分に考え抜いたものとは思えないのです。考えに考え抜けば、どの会社でも独自の「ありたい姿」を描けるはずです。

ある会社では「正道」を「ありたい姿」として掲げています。これは、三代前の経営者の時代につくったものです。次代の経営者や社員にこういう風に歩んでほしい、ということを考え抜いた結論として、「考えて歩むようにしてほしい」、「考えて歩むと

は何だろう」、でたどり着いたのが「正道」だったのです。抽象的な表現ですが、考え抜いた事が伝わってきますし、後輩社員へも伝わるでしょう。抽象的だからいけないというのではなくて、考え抜かれた末に生まれてきた言葉ならば、抽象的であっても効果的に働く場合があるのです。

　一方で、「地球の未来」といったような、自社とはあまり関係がなく、事業そのものから乖離しているものだと、社員もおそらくついていけません。例えば会社の未来として事業をこうしたいという内容が描かれていれば、「うちの会社はこっちに行きたいんだ」ということに結びつきますが、「地球」や「人類」などは大変結構な話ですが、「ありたい姿」にはなかなか結びつきません。もちろん、それが考え抜いたプロセスの結果として表現されていれば通じることもあるでしょう。

変革2　戦略

1．戦略の能力

　戦略を創るためのレベルをみていくと、まず戦略の検討ができないレベルがあります。戦略とは何か分かっていないというレベルです。

　次のレベルは、戦略が有効でない、というものです。実際には戦略として何かあるのだけれども、それが有効に機能しない。おそらく、顧客や競合の実態を十分に掘り下げることができていません。競合や顧客・市場、価値などの分析が不十分だろうと考えられます。

　3番目は、戦略に関する手法や理論を勉強していますが、実際の顧客や価値を掘り下げることに意識が向いていないレベルです。経営戦略の勉強をして理論や手法を知っていても、実際に活用できていない企業が多いのです。教わった手法や理論を活用して、いろんなものの見方を応用してみて、それで実際のところどうなのかという所にまで掘り下げていくのです。

　手法や理論を活用していても、実践展開がいまひとつということもあります。戦略に対応して戦術という言葉があります。戦術とは、実際の現場に近いところで戦略を実践する行動ですが、それが明確になっていないのがこの状態です。どちらかというと、経営の上層部よりも第一線の社員の行動になりますが、第一線の社員が自ら判断して起こっている現象を解釈して、的確な手を打つ、対策をする。そういう事に習熟していないのです。戦略があっても戦術がいまひとつということです。戦略の実践化を仮に戦術とするならば、戦術の充実が必要になってくるわけです。

2．戦略の5P

　まず、戦略の検討の仕方がわからない、検討できないという場合は、戦略の基本的な考え方がわかっていないということです。

　戦略には「5つのP」といわれるものがあります。これはヘンリー・ミンツバーグによる戦略の定義です。

・戦略とはプランだ

・戦略はパターンだ

・戦略とはプロイ（策略）であり、敵を欺くことだ

・戦略とはポジションであり、最適な自分の位置をとることだ

・戦略とはパースペクティブであり、予見する、こうなるぞと未来を見抜くことだ

コラム　プランかパターンか～創発的戦略

ミンツバーグは「戦略の5つのP」という概念を発表している。この5つのPのうち、経営戦略を「プラン」とみるか、「パターン」と考えるかによってどう違うのだろうか。変化の激しい業界や急成長する分野では、「プラン」としての経営戦略は大ざっぱにしか描けない。それよりも、柔軟性と機動性を持って臨機応変に変化対応する「パターン」のほうが合っているわけだ。

経営戦略とはなにか（What）	プラン	・これからの行動指針。未来予測に基づく行動の計画 ・創発的に形成される、意図されない戦略行動
	パターン	・過去の行動の事実。過去の行動の分析に基づく体系 ・観測されえない戦略も多々存在
経営戦略は何をするか（How）	ポジション	・外部環境の観測から、自社の位置づけを定める ・市場で独自性と価値のあるポジションに配置
	パースペクティブ	・内部要因から、自社の位置づけを定める ・組織や戦略家のビジョンの実現を目指す取組み
	プロイ	・外部環境からも内部要因からも導き出されない行動 ・非市場要因の活用や、競合の裏をかく取組み

ミンツバーグとマクヒューがまとめた『カナダ国立映画制作庁の事例研究』は、「臨機応変な戦略形成」というタイトルで発表されている。

この研究は、経営戦略とはあらかじめ計画立案するものだという、それまでの常識に対して、実行の中から次第に形づくられていくケースもあることを明らかにしている。現場の人たちが直面する事態に対応して、蓄積してきた「やり方」が優位性や経路依存性を形成したために社内で広がり、やがては自社の経営戦略とみなされるというものである。

これは「創発的戦略」と呼ばれるが、この戦略は事前には計画されておらず、偶発的な出来事から生じる「意図されなかった行動」の集積なのである。「カナダ国立映画制作庁」の事例研究でも、臨機応変に対応したことの集積として、事後的に経営戦略の「パターン」を見出している。

創発的戦略は、市場や顧客との応答を通じた学習によって、しだいに「パターン」

が形成される。市場から情報を入手し、それを考慮したアウトプットを市場に提供する。それを受け取った市場からその反応が再び情報として入手され…と循環するイメージを描くこともできるし、このプロセスを知識創造と見ることもできるのである。

つまりすべて「ものの見方」なわけです。そしてこの見方を用いて戦略を考えます。自分たちで戦略の検討ができない場合は、理論や手法を利用して考えてみます。長い年月を経て淘汰されずに残っている理論や手法は、それなり考え方を持っています。

一般的に戦略とは収益基準、競争優位基準、それから組織能力基準と大きく3つに分類できます。収益基準に関する手法は数多くあります。もともとビジネススクールというのは、ビジネスポリシー、つまりどうやって収益を上げるかを学ぶところでした。簿記の登場によって経営の考え方が発展したように、まず売上や利益をベースに考えることは当然のことだったのかもしれません。しかし、それだと顧客価値がどうしても後づけになってしまいます。顧客価値のことが十分に考慮されなくなってしまったり、「何でも売れればいいんだよ」という意味でとらえられてしまうのです。

3．理論や手法

戦略を検討する際の代表的な分析手法には、ＳＷＯＴ（強み、弱み、機会、脅威）やＰＰＭ（プロダクト・ポートフォリオマ・トリクス）などがあります。ＰＰＭは、事業の相対的市場シェアと市場成長率から、成長分野においてシェアが高い事業、成長分野でシェアが低い事業などに分類し、自社における効果的な資源配分などを検討するための分析手法です。こうした理論や手法をまず学習し、次に社内で話し合ってみる。一人ひとりが分析を行い、「わが社は現在どこにいるか」を検討する。結論を出すことが目的ではなく、話し合うことによって自社についての認識や洞察が少しでも深まります。そうして新たに何かを発見したり、今までに見失っていたことを再確認したりできる場合が多々あります。

注意してほしいことは、戦略の検討は「答え探し」ではないということです。テンプレートやフレームワークを埋めることで何となく戦略を創ったつもりになってしまうことがあります。問題を解くように「答え探し」に走ってしまうケースも少なくありません。きれいな文章にまとめられていても抽象的であったり、間違いではないものの具体性に乏しい、ということになりがちです。しかし、それでは効果がないのです。戦略に正しい／正しくないは関係ありません。オリジナルであることに価値があります。希少性が高い、つまりそのように考える人が少ないことに価値があることを重視して、正しい／正しくないではなく、多面的に検討してみる。あるいは「こうじゃないの？ちょっと極端だけど」という類の話し合いができるようにしていただきたいのです。

コラム　SWOT分析の考え方

　企業内外の諸要因の適合というアイデア自体は古くから見られ、強み・弱み・機会・脅威に類似した要因に着目する経営計画策定ツールも種々存在する。そのため、「SWOT」の起源については諸説あり、どれか一つに特定するのは難しいが、Andrews（１９７１）に代表される、ハーバード・ビジネス・スクールの経営政策グループによって開発されてきた経営計画策定ツールを起源とする説が有力視されている。

　SWOT分析は、社会全般・国の経済全体・特定の業界における競争など、様々な外部要因が自社にもたらす機会と脅威を識別し、自らが保有する経営資源や組織能力から生み出される強みと脅威を対応させていくことで、競争優位の状態を実現させることを志向する、戦略計画策定のための分析の枠組みである。SWOT分析では、外部環境要因がもたらす様々な機会と脅威に対して、企業が独自の強みを創造・活用する。弱みを補いながら、外部環境要因がもたらす機会を活用し、脅威を回避していくシナリオとして戦略を策定し、競争優位を実現することを目指している。

　SWOT分析は、戦略計画策定ツールとして開発されてきたが、すでに実行された戦略行動の全体像を事後的に把握する際にも有効である。ヤマト運輸が戦略策定の際にSWOTフレームワークを用いていたか否かは分からないが、SWOTフレームワークを利用して同社の戦略の全体像を把握することができる。

　たとえば、ヤマト運輸にとって、共働き世帯の増加という社会的要因は昼間留守にしている顧客が増加することを意味する。不在顧客の増加は、配送効率を低下させるという意味で、宅急便事業にとって「脅威」となる。しかし、「在宅時配達」の実施によって顧客の利便性を高めることができれば、ライバルに対する差別化要因となりうる。この意味で、昼間不在顧客の増加は［機会］でもありうる。

　在宅時配達を実現するためには、配送車両・人員を十分に確保する必要がある。ヤマト運輸は、宅急便事業に着手した当初から。「社員が先、荷物は後」「車が先、売上が後」をモットーに積極的に投資を行ってきているため、この点は競合他社に対する「強み」になる。また、情報システムを自社開発してきた強みを活用して、配達予定を事前に電子メールで通知するサービスを導入し、発送時の配達時間指定サービスとも組み合わせることによって顧客不在の件数を減少させ、配送効率の低下という「脅威」を抑制することも可能になる。

　SWOT分析に代表される、外部環境要因と企業内部要因との適合が競争優位をもたらすとする基本的な考え方から、競争優位の源泉に関する二つの議論の流れが派生した。一つは企業を取り巻く環境要因に重点をおく立場であり、もう一つは企業の内部要因を重視する立場である。前者の典型例が５つの競争要因に基礎を置く「業界の構造分析」であり、後者の典型例が企業を特定資源の集合体とみなす「資源に基づく企業観（resource-based view 企業＝資源観）」である。

網倉 久永 / 新宅 純二郎『経営戦略入門』

変革
2
戦略

検討のレベルが高くても、戦略が有効に作用していない場合には、その話し合いの仕方に問題があるのかもしれません。最初のうちは、各自がテンプレートに沿って作成したものを読み比べてみると、どれも似たような抽象論で書かれていることを実感するでしょうが、次第に具体論を書けるようになります。一度は同じことを経験しなければ実感できないのです。そこで、そのことを理解した人や、具体論を書けるようになってきた人たち同士で議論をするのです。

そうすると書く内容も変化してきます。変化するだけではなくて、誰もがハタと気がつくわけです。具体的に書こうとしたら書けないことに気づくのです。そのことがわからないうちは、おそらく何を話し合っても素人の感覚論に終始してしまうでしょう。

社内だけでなく調査機関をいくつもあたってみたけれども欲しいデータが見つからない、とすれば自分たちで調べるしかないわけです。自分たちが知らなかったことをどうやってデータとして蓄積していくか、ここからまず着手しないといけません。

必要なデータがどこにも存在しないため、自分たちが実際に調査しなければならなくなったときに、どうやってその調査を設計するのか、その必要性にようやく気づくのです。そこまでくると、手法やフレームワーク、理論など、自分たちのオリジナルなものが生まれてきます。データ分析や調査から独自の理論がつくれるようになるのです。

実は、独自理論はそれほど遠い存在ではないのです。自分たちで調査ができるようになると、調査そのもののプロセスで理論や手法がある程度できてきます。経験を重ねるうちに精通していくようになるのです。

4．市場の見方

市場の見方、つまり市場をどう見るかということは、当然のことですが、そのような議論をしていかないとつくれません。すでにそこにあるものとして市場を見ても、何も見えないのです。議論を重ねるうちに、市場とは「見える」ものではなくて、「見方を持たないと見えない」ものだということに気づきます。見方は自分でつくるしかないのです。

例えば、わが社の生産能力が低い場合、生産能力が低いことは普通だと弱点です。しかし見方を変えると、生産能力が低いから量産はできない、そうすると、少量受注に集中したらどうだろうかという見方が出てきます。そのようなものの見方ができれば、少量受注に集中する戦略が検討できます。もし生産能力が十分にあればそのような発想にはなりません。一見するとマイナスなことがプラスになることもあるのです。

変革2 戦略

「少量発注」も効率が悪いので、一般的には取引を敬遠されるかもしれません。しかし「小口取引」を掲げているのであれば、経営者が自分で物事を決められるだろう。そして経営者が優れた考え方の持ち主だとすると、いい経営ができているのではないか。だとすると小口取引でもいい経営をしている会社との付き合いを深めていくとどうだろうかと考える会社もあるかもしれません。実際に取引すると、しっかりとした考えを持っていることが改めて分かり、だんだん近しくなってくると、方針や焦点を定めることの重要性を相互に理解できてくる。分かっているもの同士だから話も早い。そこで自社の商品を扱う特約を結ぶわけです。小型店と個別に契約することで、逆に大手の問屋さんとの取引をやめるわけです。小型店との取引に絞ることを決めて、このメーカーは成功しました。つまり、独特のものの見方をそこから導き出すということが市場観なのです。

コラム　競争優位性とドメイン

　企業がどのように目標を達成するのかを明らかにすることを競争優位性といいます。競争優位性は、競合他社よりも低い生産コスト、高品質の製品、顧客ロイヤルティの高さ、素早いイノベーション、優れたサービス提供力、恵まれた立地条件、業務効率の高さなど色々あります。けれども突き詰めると、競争優位性は次の二つになります。

・競合他社よりも高い品質のある製品・サービスを提供できる。
・競合他社よりも低いコストで製品・サービスを生産、提供できる。

　この競争優位性は業界内での自社の競争地位（ポジション）と、その企業の組織能力（ケイパビリティ）の二つによって実現されます。しかしこの競争優位性は、持続可能とは限りません。競合企業が他社の優位性を真似しようとするのは当たり前のことです。そこで模倣されたり、弱点を突かれると、優位性は陳腐化してしまいます。そこで、競争優位性を持続させるためには、その源泉を他社にとってわかりにくく真似されにくいものにするか、他社に追いつかれないように革新し続けなければなりません。
　競合他社よりも高品質を志向する優位性を差別優位性、低コストを志向する優位性をコスト優位性と呼びます。低コスト戦略に成功している企業は、「競合他社と同等の製品をより効率的に設計、生産、市場投入する」能力を持っています。この能力を持つ企業は、競合他社と同レベルの価格で販売すれば、相対的に高い収益を確保できます。差別化とは、「製品の質、特徴、アフター・サービスなどの面で、ユニークで優れた価値を買い手に提供する」能力を持っています。差別化により、競合企業

とは異なった価格を設定することができるので、他社とコストが同等であれば、相対的に高い収益性を得ることができます。

この二つの戦略の成功の鍵は異なりますが、両方の要素に目配りすることは大切です。低コスト戦略をとっている企業だからといって、製品やサービスが競合企業よりも著しく劣っていては、顧客が離れてしまいます。逆に差別化戦略の企業が、あまりに高コストではやはり通用しなくなります。

戦略の検討をする際にもう一つ大切なことは、競争の範囲をどこまで広げるか、あるいは狭めるかということです。これは自社が製品を提供する市場の幅を決めることです。異なる市場セグメントには、異なる戦略と能力が必要です。低コストと差別化を広いターゲットに展開するか、狭いターゲットに集中するかを分けると次のようになります。

	低コスト	差別化
広いターゲット	コストリーダーシップ	差別化
狭いターゲット	コスト集中	差別化集中

コスト優位は大規模、量をこなすノウハウを追求します。差別優位は特徴、質の違いを発揮するノウハウを掘り下げます。量のノウハウと質のノウハウの組み合わせによって、競争地位を次のように分類することができます。

	量のノウハウ大	量のノウハウ小
質のノウハウ高	市場リーダー	ニッチャー
質のノウハウ低	チャレンジャー	フォロワー

業界で最もコスト優位を発揮することができるのは、一般的には最も生産・販売量の多いトップシェア企業であり、その企業を市場リーダーと名づけます。リーダーは規模の利益を享受し、広く市場をカバーし、徹底的にシェアを追い求めます。大量の生産・販売を実現できるということは、それだけ習熟度が高いということでもあり、質のノウハウの高さも持っています。

チャレンジャーは、シェアで二番手に位置している企業です。リーダー企業に迫っている場合には、質的なノウハウはほとんどリーダーと互角にある場合も少なくありません。特定の製品ではリーダーよりも高品質であるというケースも多く見られます。

変革 2　戦略

けれども、量のノウハウではカバーの範囲がやや狭かったり、市場によって弱かったりします。チャレンジャーの立場では、リーダーと同じ戦略をとることは不利につながるので、絶えずリーダーと差別化しようとします。

ニッチャーはターゲットを狭めて、そこに集中する戦略です。特定ターゲットに低コスト集中する場合と、逆に集中したターゲットに差別化を徹底する場合があります。

フォロワーは業界下位の企業であり、はっきりとした優位性がありません。優位性を実現するための組織能力も低いので、もっぱら上位企業の真似をして追随していきます。もし自社がフォロワーに位置しているならば、チャレンジャーを目指すのか、それともニッチャーを目指すのか、戦略の軸をはっきりと定める必要があります。

ドメイン分析のターゲット、ニーズ、ノウハウは次のような意味で用いられます。ターゲットは顧客層ということであり、特定顧客層から全体顧客層という広がりの違いを意味します。特にリーダーの広がりとニッチャーの狭さを対比します。

	リーダー	チャレンジャー	ニッチャー	フォロワー
ターゲット	広くとらえ、フルカバレッジ	全体を狙うが、やや狭いカバレッジ	特定化（ニーズを特定化し、全体を狙う場合も）	不明確
ニーズ	多くのニーズに対応	差別化ニーズに対応	特定化（ターゲットを特定化し、全体を狙う場合も）	不明確
ノウハウ	最大シェアを求める戦略	リーダーに対する差別化戦略	集中戦略	模倣追随

ニーズは質素から豪華、カジュアルからフォーマル、単機能から複合機能など、多様化します。このいずれかのニーズに集中する場合はニッチャーであり、リーダーは多くのニーズに対応します。

ノウハウは製品やサービスの提供の仕方、顧客に提供する価値の実現の仕方など、広い範囲の方法、技術、テクニック、雰囲気づくりなどを意味します。リーダーは総合的ノウハウ、ニッチャーは専門特化型ノウハウを形成します。

このドメイン分析は、自社と競合他社の戦略比較を行う場合などに用います。特に競合企業とどの市場で戦うか、それとも棲み分けをして激突を避けるかといった検討を行います。フォロワー企業はターゲットもニーズも明らかにされておらず、なんとなく上位企業を真似ているだけなので、ドメインを明確に描くことができません。

変革 2 戦略

戦略とは独特のものの見方、考え方をすることであり、理論や手法そのものではありません。様々な理論や手法の枠組みを使いこなして、独特のものの見方・考え方を導き出すことそのものが戦略の「思考法」なのです。だからといって理論・手法が不要というわけではありません。それらを使いこなすことが見方を生み出すために必要であり、重要なのです。

　理論・手法を勉強して何とか答えを出すことが戦略ではありません。手法や理論は使いこなすところまでもっていくのです。

コラム　事業の定義

◆マーケティング近視眼

　名門の老舗企業であるペンシルベニア・セントラル鉄道が倒産したとき、レビットはその理由について「マーケティング近視眼」に陥っていたからだと言った。マーケティング近視眼とは、顧客に提供している価値ではなくて、自分たちで生産している製品で事業を定義することであるペン・セントラル鉄道は「事業を鉄道と考えた」から倒産してしまったと言う。自社の事業を鉄道ではなく輸送と定義すべきだったというのだ。

　同様なことが、映画産業の危機においても言われた。映画をハリウッドのスタジオで撮影するフィルム制作業ではなく、娯楽事業と考えるべきだったと言う。そうすれば、テレビを敵対視せずに、映画はテレビ映画の提供業になっただろうというのである。

◆GEの事業政策転換

　1960年代にGEは大きな事業政策の転換を行っていた。それまでのGEは、電線事業、メーター機器事業、制御機器事業といった具合に、製品やそのベースとなる技術にもとづいて事業を定義していた。しかし、それではあまりに視野が狭すぎるということで、新たな事業の定義が導入された。たとえば、電線事業は建設資材事業に、メーター機器事業は計測機器事業に、制御機器事業はオートメーション機器事業にといった具合である。

　GEのこの転換は、マーケティング近視眼を防ぐためのものであった。それは、各事業が視野に入れる投資範囲を一気に広げるものであった。制御機器事業ではなくオートメーション機器事業だととらえれば、スィッチやリレーだけでなく、コンピュータ技術にも投資することになる。それによって、事業が成長する可能性は高まるのだが、同時に成長を支えるための資金需要も一気に増大する。つまり今度はマーケティング遠視眼に陥ってしまう。

変革3　組織能力

組織能力（独自能力や中核能力という言い方もあります）は、単に個人の能力を集めて組織的にするという意味ではありません。英語表現の組織能力の意味にはいくつか違いがあります。

1. コンピタンス

技術（テクノロジー）とスキルを意味します。このスキルには、技術以外のセンスや発想力、市場知見などが含まれています。つまり市場や業務のことに精通するといったことを指します。

コア・コンピタンスの例

企業	競争能力
ソニー	小型化
フェデックス	ロジスティックス、小型発送と配送
ウォルマート	小売ロジスティックス
ホンダ	エンジンと伝導機構
3M	接着剤、接着基面、先端素材
マリオット	ケータリング、設備管理

先ほどのパースペクティブの概念に近いですが、少しずつその道に長けてくると、「次にこうなり、やがてはこうなるだろう」と見えてくる、予見力がついてきます。それをケイパビリティと言います。

2．ケイパビリティ

　ケイパビリティには、既存事業の能力を高めるオーディナリー・ケイパビリティと、長期的な戦略を実現するダイナミック・ケイパビリティの二つがあります。

	オーディナリー・ケイパビリティ	ダイナミック・ケイパビリティ
目的	基本的なビジネス能力の向上	長期的な戦略に合わせる
3つのスキーム	実務・管理・統治	察知・獲得・変容
再現性	比較的容易で、模倣可能	再現困難で、模倣不可能
	物事を正確にやり遂げる	物事に正しく取り組む

広野彩子『世界最高峰の経営教室』

3．バリュー・ディシプリン

　例えば、お客様が求めている製品もしくはサービスについてその世界の中で最高、No.1 のものを生み出せる会社があります。業務の効率性を高めることに強い会社があります。そしてお客様との良好な関係を築くことに長けている会社があります。

　製品で市場でのリーダーシップを取る会社、業務の効率性で他を圧倒する会社、そしてお客様との関係の緊密さで群を抜いている会社の3つのタイプがあるということで、バリュー・ディシプリン（価値基準）と呼ばれています。

　これらも組織能力と捉えることができます。組織能力という視点はいろいろな角度から見ることができるものなのです。

変革3　組織能力

バリュー・ディシプリン

1：業務の卓越性

　品質、価格、購入の簡便性を含む総合力において、市場で最高の水準を保っている企業である。そのような企業は革新的な製品やサービスを生み出しているわけでもなく、顧客と1対1の関係を育んでいるわけでもない。実務の実行力に優れ、低価格や円滑なサービス、またその両方によって確実に顧客を掴んでいる。

2：製品リーダーシップ

　未知の製品、試したことのない製品またはきわめて望ましい製品を提供する努力を続けている、そのような企業で実務に携わる者は、顧客により広い範囲の製品やサービスを提供することに専念する。製品リーダーは最良の製品と納期を提供することで顧客を掴む。

3：カスタマー・インティマシー

　顧客との間にまるで隣人同士のような関係を築く。カスタマー・インティマシーを追求する企業は、市場のニーズではなく特定の顧客のニーズに応える。買い手自身とそのニーズに対する理解をもとに事業を行い、製品やサービスの調整を継続的に、しかも納得の行く価格で行う。「あなたとあなたのニーズをすべてお引き受けします」「あなたに最適なトータルプランをお出しします」という文句で顧客を掴む。このような企業の最大の資産は、当然のことだが、カスタマー・ロイヤルティである。

4．生産志向と市場志向

　別の観点からいえば、生産志向と顧客志向も一種の組織能力です。生産志向というと、一般的にプロダクトアウト（つくったものを売る）という考え方でダメなものと思われがちですが、鉄道会社であれば、最初は生産志向で駅や線路を整備し、列車を開発したからこそ成長できたわけです。しかし第二段階で、移動や運送の際に顧客が重視する「スピード」「便利」「快適」などのニーズの掘り起こし、つまり市場志向を怠ったので、失敗してしまうわけです。

　生産に長けていることは、一つの組織能力と考えることができます。市場に関してはあまり詳しく知らないけれど、生産に長けている。そのような会社が、市場に長けている会社と組むと大成功するかもしれません。

変革3　組織能力

市場志向経営と生産志向経営

	市場志向経営	生産志向経営
１．経営層	顧客・市場考慮が強い	組織・部門考慮が強い
２．考え方 （経営思想）	マーケット・イン （売れるものをつくる）	プロダクト・アウト （つくったものを売る）
３．組織	分権的（スタッフ機能は細分 され水平的権限分散）	集権的（垂直的権限強化、 スタッフ集中化）
４．経営目標	外部的影響が強い（長期的目標 設定、ビジョンと戦略重視）	内部的影響が強い（短期的目標 設定、効率とコスト重視）
５．研究	顧客・市場研究	技術的研究
６．成果	全体的成果 （顧客、競争、変化重視）	部分的成果 （効率、コスト重視）
７．製品開発	顧客価値重視	コスト改善重視
９．品質	知覚品質重視	規定品質重視
10．財務	トータル利益重視	部門コスト重視
11．製造	市場機会の選択から出発	生産手段の開発から出発
12．関連部門	輸送・人事・財務等が顧客重視	輸送・人事・財務等が生産重視
13．イメージ	重視	軽視
14．需要	市場創造を重視 （潜在需要の開発）	既存市場を重視 （顕在需要のみに関心）

変革3　組織能力

5．トップダウンとボトムアップ

　トップダウンとボトムアップも広義の組織能力と考えることができます。市場志向とボトムアップ、生産志向とトップダウンはそれぞれ同じような意味を持ちます。ボトムアップとは、権限を第一線で働く社員に移譲するという意味ではなくて、企画や調査などを第一線の社員が行うという意味です。通常トップダウンというと、企画や調査に関することをトップ層が行うことを指します。例えばメーカーだと、どのような商品をつくるか、サービス業だと、どのようなサービスを提供するかトップが決めるわけです。そして、決定した製品をつくる、売る、提供するという業務を第一線の社員が担うわけです。これが一般的なトップダウンですが、ボトムアップは、第一線の社員がお客様に話を

聞いたり、調べることでお客様が求めているものが分かるようになり、今まで気づかなかったものを新たにつくっていきます。これを第一線の社員が行うのです。そのために彼らはお客様から話を聞けるような親しい人間関係を日頃から築き、それをネットワーク化していきます。お客様側も、自分たちがどのように商品を使ったり、サービスを活用したりしているのか、といった情報を絶えず伝えてくれるのです。

トップダウン・マネジメント	ボトムアップ・マネジメント
制約条件下での最適化	条件そのものを見直し、創る
問題解決策	問題解決プロセス
職務志向のスタッフ行動	顧客志向のプロジェクト行動
個人として答える学習	チームとして考える学習

6. VRIO

　組織能力や独自能力、中核能力を高めるための議論を行うときには、これまでに挙げたモデル以外に、ＶＲＩＯフレームワークが活用できます。

　顧客価値経営では、どのような価値を提供できているかだけでなく、価値をどのように提供できているのかも決め手になります。ＶＲＩＯは Variable（価値）、Rare（希少性）、Inimitable（模倣困難性）、Organization（組織適合性）という４つの頭文字をとったものですが、最初に価値、次に希少性があります。同じような価値のものがたくさんあると、相対的評価は低下します。現実には価値そのものが低下しているわけではないかもしれませんが、同じ価値が大量にあると、「別にこれでもいいや」、「あれでもいいや」ということになってしまうのです。

価値 （Value）	顧客期待、要求に対する充足度合い、保有資源は価値の創造、提供をできるのか
稀少性 （Rarity）	同質、類似の行動をとっている企業は少数か、モデルや視角が常識的、一般的なものでないか
模倣困難性 （Inimitability）	物理的に独自か、経路依存性（path dependence）は高いか、因果は簡単に分からないか、経済的抑止力があるか、資源獲得・開発する上でコスト的に有利か
組織整合性 （Organization）	コア・コンピタンス、ケイパビリティ、ドミナント・ロジックと組織マネジメントがマッチしているか

　模倣困難性は、真似しにくい、真似しようがない、という意味です。物理的な例として、非常に風光明媚な土地を所有していて、観光ホテルとして営業を行う場合や、魚のエサの生育に適して多くの魚が集まる好漁場を持っている場合などが挙げられます。

　一方、独特のものの見方や考え方による模倣困難性もあります。模倣困難ということは、同業他社の多くがやっていないようなやり方、同業他社の多くと違うやり方を見出していくことです。それは、同業他社から見たら真似しにくいわけですから、そういう事業、ビジネスモデルを検討するわけです。

　4つ目が組織適合性です。何を価値として考えるかによって、考えたり話し合う内容や会社の雰囲気も変わってきます。非常にハイレベルなものを価値と考える場合はそういう品格や見識を備えた社員、技術やデザインセンスを持った社員が必要になるかもしれません。組織能力、組織適合性は、そのような社風や企業文化をつくる必要があるのです。

　それを検討することは簡単ではありませんが、戦略の場合と同じで、ただ勉強するだけではあまり意味がありません。それを用いて話し合うことが重要なのです。大人数で話し合う必要はありません。2人でも3人でもいいのです。話し合うことで、これまでと全く違う見方が生まれてきます。

　VRIOひとつとってみても、それを用いて自社のことを話し合うだけで、これまでと異なる可能性や方向性が見えてきます。価値といっても自分たちが考えていた価値と、競合他社が考えている価値とはどう違うのか、ということがわかってくるのです。あるいは見い出す、発見する、話し合えるようになるのです。逆にみると、競合他社からみるとわが社で提供している価値はどのように見えるのだろうか。どう評価されているのだろうか。他社からの見方をしてみると、わが社の価値は思っていたものとは違うものが見えてくるかもしれません。いや、必ず違うはずです。

7．対話能力

　話し合っている内容や議事録に書かれたことがコンテンツです。それに対して、その時の雰囲気、そこにいる人たちの間に流れる感情の動きをプロセスと呼びます。言葉がコンテンツ、雰囲気がプロセスです。

　「ありたい姿」、「戦略」、「組織能力」にも共通して求められることは、対話やコミュニケーションです。コンテンツとしての知識をいくら持っていても、話し合うことをしなければ、活かしようがありません。ではどうすれば効果的な対話やコミュニケーションをできるのでしょうか。

　まずメンバーがコミュニケーションの基本について知らなければなりません。組織の中で一人だけが知っていても意味がなく、全員が知らなければなりません。いや知っているだけではダメです。コミュニケーションや対話で必要なことは、実際にできなければいけないということです。

　変革できない会社の多くは、この話し合いができないのです。当人たちはできると思っていますが、それはおしゃべりであって、話し合いにはなっていないことがほとんどです。

　トップの挨拶でも、思いつき的に脈絡のない話をする人がいます。焦点の定まらないランダムウォーク話は、聞く人たちの精神的疲労になります。そのような会社では、社内のコミュニケーションが機能していていないことが多々あります。

（1）自己概念

　効果的な話し合いをするためには、1人ひとりのコミュニケーション能力が高くなければなりません。その一つに、自分を何者と考えるか、自己概念というものがあります。これによってその人のコミュニケーションのあり方が変わってくるのです。その場で自分の果たす役割や責任を十分に自覚している人は、期待されている話をすることができます。しかし、自己中心的な人は、自身の役割や責任について考えが至らず、その時の気分で勝手な話をしてしまいます。

　自分をリーダーだと思うか、調整者だと思うかによって、話の内容も話し方も全く変わってきます。自分をプレゼンテーションの責任者だと考える、プランナーとしての役割を考える、そうした自己認識持つか否かで全く変わってくるのです。

（2）傾聴

　傾聴は広く知られていますが、傾聴そのものは単なるリスニングに過ぎません。それにアクティブがつくアクティブ・リスニングを積極的傾聴と呼んでいます。カール・ロジャースによる患者中心カウンセリング、あるいは非指示的セラピーなどは、このアクティブ・リスニングを意味しています。

　傾聴は、カウンセリングまではいきませんが、単に受動的に頷いているわけではありません。表面的な言葉だけではなく、「こういう話をする理由はどういうところにあるのだろうか」という想像、推理を働かせて聴くことなのです。ですから、うなずきや相槌を軽く何度もするのではなく、大きくゆっくりとするというニュアンスです。

　顧客価値経営には顧客へのインタビューが欠かせませんが、その際に用いるのが傾聴です。この場合、ただ黙って話を承るのではなく、むしろ談論風発というか、話が盛り上がるという感じに近いのです。英語ではコール・エンド・リスポンスといい、聞いていても気分のいいやりとりです。

　自分の考えや行動について、聞き手が共感した反応をしてくれるので、話し手は気分よく、次から次へと話してくれる感じです。傾聴する聞き手は、相手が話しやすいように反応したり、雰囲気をつくったりするのです。

3）感情、表現、自己開示

　感情、特に怒りや不信などのマイナスの感情をどのように取り扱えばよいでしょうか。場によっては我慢するしかないでしょうが、感情的にならずに冷静に表現することが大切です。不納得や不承認を率直に返すことも重要なコミュニケーションです。

　次に明確な表現です。自分が話す場合には、相手の方の立場や知識など様々なことから判断して、どのような話し方をすべきか、よく考えて話すということです。一番まずいのは聞き手の気持ちや受け取り方を考慮せずに、ただ言葉を羅列する話し方です。

　そして自己開示です。ある程度まで自分のことを隠さずに、英語で言う「フランクに」話すことです。これによって、相手との心理的距離がぐっと近づきます。

　コミュニケーションは何度も体験学習をすることによって向上するものです。解説を読んだからといって、うまくなるわけではありません。ぜひとも体験学習に時間をかけてください。

　コミュニケーションができなければ、たとえＶＲＩＯのことを知っていても、

変革3　組織能力

「うちの会社の価値は何だろう？」という話し合いをすることができません。抽象的なことに関する話し合いは、具体的なやりとりよりもはるかに難しいものです。

「忙しいから後にしてくれよ」と言われると話す方も元気がなくなります。どのようにすれば効果的な話し合いになるのか、全員が体験的に自覚しなければならないのです。そして「話し合い」の知識を持っていても、実践できなければ意味がありません。それも、自分だけでなく、メンバー全員がそれを用いて、応用して話し合いができるようになることが必要なのです。

効果的なコミュニケーション

効果的コミュニケーションをもつには次の5つの事柄が大切です。

1．自己概念

私たちは自分が何者であるかという自分についての概念―自己概念―を持っています。自分がどのような自己概念を持っているかは「自分は・・・・」ではじまる文章をいくつか完成してみればわかります。例えば、

「自分は、数学は不得手だが、語学では人に負けない才能を持っている」

「自分は、営業マンとしては実力がある」

「自分は、人に教えることが上手である」

これらの、自分が何者であり、何処に属し、何ができ、またできないか、何に価値をおいているのか、何を信じているか、といった「自己についての概念」は、私たちが、見たり、聞いたり、判断したり、理解したりする「日常の行動」に大きく影響を与えます。それと同時にこれは、他人とのコミュニケーションにも大きな影響力をもっています。健康な、そして満足できる対人関係を持つためには、しっかりとした自己概念をお互いが持っている必要があります。

（1）あいまいな自己概念

あいまいで弱々しい自己概念しか持っていない人は、他人が自分をどのように見ているのかを、歪めて受け取ってしまい、他人とかかわることに不安になってしまいます。自分がとるに足らない者ではないかという見方を持っていると、他人と親しく話し合うこと、自分の気持ちを率直に表現すること、他人からの忠告を受け入れることなどができにくくなります。また、自分が不安定なので、間違いや失敗を隠したり（嘘をついたり）、他人と違った意見を述べると嫌われやしないかと恐れ、自分の意見を引っ込めてしまうこともあります。

　また自分は欠点が多い、人より劣っていると思っている人は、自分で考えたり思いついたりしたことは間違っているとか、たいしたことがないと思い込み、相手に伝える前から、相手には興味のないことだと決めてしまうことがあります。このような人は引っ込み思案で、コミュニケーションも消極的になってしまいます。

（2）自己概念の形成

　自己概念は、コミュニケーション能力に影響を与えるものですが、コミュニケーションも自己概念を形づくります。自己概念は、他の人とのかかわり合いの中から形成されます。いつも接している人々―親、兄弟、上司、同僚、部下、友人―によってどのように扱われているかということから、自分は何者であるかを知っていくのです。これらの人々との言葉での、また言葉によらないコミュニケーションから、自分は好かれているか、嫌われているか、受け入れられているのか、尊敬される価値があるのか、軽んじられているのか、を知るようになるのです。だから、人がしっかりとした自己概念を持つためには周囲の人々の愛情、理解、そして率直な心を必要とするのです。

2．傾聴

　わが国のこれまでの教育では、対人コミュニケーションについてほとんど何もされていなかったと言ってよいでしょう。もしなされていたとしてもそれは発表能力とか説得のための技能に重点が置かれていて、"きく"ことは軽視されてきました。その結果、日常のコミュニケーションの場面で本当に相手を聴くことのできる人は少なくなってしまっているのではないでしょうか。

　私たちが何かをしようとすれば、周囲からいろいろの情報を受け取らなければなりません。それを無視してひとりよがりなことを行えば、社会生活は成り立ちません。そして、この情報を受け取るのは、"聴く"ことによるのです。

　"きく"には"聞く"と"聴く"があります。単にきくのは自然に耳に入ってくることを聞くことですが、「聴く」ことはそれよりも込み入ったもので、相手の意味を探り、理解するために、身体的にも、感情的にも、また知的にも、エネルギーを集中していくことによってはじめてできることです。よい聴き手は、単に相手の言葉をきくのではなく、"言葉の背後にあるもの"を言葉と言葉の間にある沈黙や相手の感情などからききます。きくことは一見受身の行為のように思われがちですが、決してそうではありません。それは話し手とともに、伝えられようとしている意味を発展させ、その理解に至るための積極的な行為なのです。

変革 3　組織能力

（1）傾聴能力向上のための留意点

・ただ漠然ときくのではなく、目的をもってきくこと。

・すぐに評価をしてしまわないこと。

・気を散らさないこと。まわりの騒音、景色、人々の動きなどに気をとられないで相手に気持ちを集中すること。

・答えるまでに間を置くこと。あまり早く答えようとすると、きく能力を低下させる。

・時には相手の言った言葉を逐語的に繰り返してみるとよい。

・相手の言ったことやその気持ちを、自分の言葉で言ってみるとよい。

・相手が言っていることの中での本当の主題、言外に言われていること、をきくことによってつかむこと。

「話す」スピードと「考える」スピードには差があります。話すスピードは、考えるスピードの約3〜4倍の時間を必要とします。私たちは話しながら考える余裕を持っているのですから、この「余裕」を聴くために活用することが大切です。

3．明確な表現

効果的なコミュニケーションのために、伝えたいことや感じていることを明確に表現することも大切です。私たちは、言いたいことを全てはっきり伝えなくても、相手はわかってくれるものと思い込む傾向にあります。相手が普段接している人だとなおさらその傾向が表れます。相手もわかってくれるはずだと決めてつけて話をしてしまうのです。こちらがはっきりと伝えないでおいて、相手がそれを受け止めるべきだと考えているとすれば、それはわがままであり、甘えです。そして満足のいくコミュニケーションを行う上での障害になります。自分の意図を相手の憶測にまかせて、相手もまた憶測をもとに物事を進めていく。お互いに内容の確認を怠り、そんなことを繰り返していくと誤解に至るは明白なことです。

効果的な伝えるためには、伝えたいことを心の中にはっきりしたイメージとして描くことが必要です。それと同時に、それを明確な言葉で表現する工夫をしなければなりません。そしてさらに大切なことは、相手から返ってくる反応をとらえて、自分の言っていることがどのように伝わっているかチェックすることです。

4．感情の取扱い

　怒りの感情の扱い方は、コミュニケーションの発展の可能性にかかわってきます。

　自分の怒りの感情を抑えてしまう人がいます。怒りを表に出すと、相手も同じように怒るだろうと恐れるからです。そのような人は、感情的なやりとりは分裂をもたらすと考える傾向があり、他の人が自分に反対するということだけで不快感を持つのです。

　怒りを抑えていると、身体的な面でも様々な影響が出てきます。日頃の怒りが溜まり、あるとき突然、些細なことをきっかけにして爆発することがあります。相手には事情がわからないので、それが不当なものと受け取られます。そして、お互いの感情の中に敵意をつのらせ、破滅に導いていくことになるのです。

　感情（怒りのみでなく）の表現は、対人関係を構築するために大切なことです。人はその気持ちを表現して、自分自身や他人にきいてもらったり、受け入れてもらったり、また応えてもらったりすることを基本的な欲求としてもっているのです。ですから怒りのような感情も、破壊的でなく建設的な方法で表現する必要があります。そのために次のことは参考になるでしょう。

- ・いま、ここでの自分の感情に気づいていること。
- ・自分の感情を認める。無視したり、否定したりしないこと。
- ・自分の感じていることをつかんで自分のものとしていること。そして自分の行うことに対して主体的に責任を持つこと。
- ・自分の感情をさぐってみる（胸に手をあてて考えてみる）こと。言い争いに勝つことや反証だけを求めないこと。
- ・隠さずに感情を述べてみること。口に出して言っていることと、今自分が経験していること（心の中に起こっていること）との間に一致があることこそ真実のコミュニケーションの第一歩です。
- ・自分の感情と意志を統合していくこと。そこに人間としての成長があるのです。

5．自己開示

　自分に関すること―考え、気持ち、意見、特長、認識、仕事など―を偽らずに打ち明ける能力は、コミュニケーションにとって必要なことです。相手に自分を打ち明けることによって、相手はあなたを知るようになり、そのことはまた相手が自分を開くことになり、相手についてよりよく知るようになるのです。自己開示ができるのは、健康な人格を持っている証であるといわれています。自分が本当に自分であるという

変革3　組織能力

ことに確信が持てるときに、自分の考えや気持ちを十分に表すことができ、また自己が確立しているときに、自分の成功や喜びだけでなく失敗や恥をも他人と分かち合えるのです。また同時に、開示することによって自己が確立していくのです。「人は、自分が他者に伝えたいと欲していることだけしか自分自身について知っていない」のです。

　この自己開示を妨げるものは、他人に対する恐怖心であり不信です。自分を示さず、他人をも受け入れないこの恐怖心、不信の満ちているところでは、形式的でよそよそしいコミュニケーションしか生まれません。このような雰囲気では、そこにいる人たちの自己開示をより妨げることになります。人は自由な、善意ある雰囲気の中で、初めて自己開示ができるのです。

　この信頼、善意を生み出すためには、誰かの自主的な自己開示の冒険が必要な場合があります。信頼は信頼を生み、自己開示は自己開示を生み出し、そこにお互いがさらに深く理解し、また意見を見出すコミュニケーションが生まれてくるのです。

　以上 5 つの要素がコミュニケーションにとって大切な要素です。コミュニケーションと一般に言われるとき、それは口先をもって、言葉をもってなされるものだと思われがちですが、これまでに述べたことからもわかりますように、実はその当事者の「全人格的」な「相互関係の問題」なのです。この全人格的なかかわりを通して、お互いの意味を見出し、成長していくことがコミュニケーションなのです。

変革 3　組織能力

8．会議の目的

コミュニケーション面では、特に会議や打ち合わせの仕方を変革することが急務となります。これができていなければ、顧客価値も変革も検討のしようがありません。

ミーティングのタイプ別プラン・秘訣・ルール

	プラン
スタッフ・ミーティング	参加者がヒント、アイデア、アドバイスを必要としているトピックを尋ねる。単なる状況確認のミーティングになることを避ける。
問題解決ミーティング	問題や論点の概要を事前に参加者に知らせる。キーとなる関係者を召集する。
ブレーンストーミング	ミーティングで検討するトピックや質問項目を参加者に事前に知らせる。
プランニングのミーティング	目指す成果を全参加者が理解していることを確認し、確実に事前準備を行ってきてもらう。参加者1人ひとりに情報を持参してもらう。
ブレーンストーミング	トピック、ゴール、必要なインプット情報を参加者に事前に知らせる。多様な人々を招く。

話し合いや会議の種類によって目的がそれぞれ違うということをよく考える必要があります。対話やコミュニケーションをプロセスや場としてイメージしたことのない人や会社では、会議によってやり方を考えるということができません。極端に言えば、会議が全て「静寂」だったり「怒鳴り合い」になってしまうのです。

	秘訣
スタッフ・ミーティング	議論を必要とする検討事項やトピックにフォーカスして共有することを念頭に置いて、話してもらう。
問題解決ミーティング	フォーカスを当てる内容を決定するとともに、問題がどの程度皆に理解されているのかを明らかにする。必要な場合、一般的な問題解決のプロセスを活用する。
ブレーンストーミング	どんなアイデアでも（従来の考えに反していたり、大それたアイデアだったとしても）価値があり、歓迎されるということを参加者に確実に認識させる。
プランニングのミーティング	成果を明らかにするとともに、議論するための時間を余分に取っておく（質問や検討事項の数を少なく見積もりやすい）。
ブレーンストーミング	全員から聴けるように、1人ひとりのアイデアや提案を簡潔に述べてもらう。コラボレーションのための会話は、流動的で柔軟なもの。正しいやり方などない。

変革3　組織能力

　話し合い、会議、打ち合わせ、交渉事など、いずれも目的によって何が効果（成果）か、そして効果の出し方が異なるのです。メンバー全員が意見を述べることに狙いが置かれているのか、それとも特定の考え方についてみんなで掘り下げていきたいのか、目的によって違ってきます。そのことを考えずに話し合っても無意味なのです。

	ルール
スタッフ・ミーティング	1つのトピックで行き詰ることを避ける（それが最重要なら別）。「1人ずつ順に話をしてもらう」のではなく、関心や重要度の高いトピックについて、議論する。
問題解決ミーティング	選択肢を絞る前に、可能性のあるソリューションをできるだけたくさん考えることに十分時間を使う。
ブレーンストーミング	アイデアを批判したり、評価することに時間を使わない。そうした行為は、アイデアの量と多様性を低下させる。
プランニングのミーティング	「議論してはいけないと考えられていること」、つまり人々の中に確かに存在しているが、周囲と共有する準備ができてない考えや懸念について、議論する。
ブレーンストーミング	防衛的にならない。同意できない、自分と反対でも、を歓迎することで、より良いアイデアやインプットを得ることができる。

　例えば定期的なミーティング、毎週の業務上の打ち合わせだとどうなのか、ブレーンストーミングを行う時はどうなのか、問題解決会議だとどうなのか、など会議によって使い分けていかなければなりません。定期的なミーティングだと、「特に何かありますか？」というおなじみの問いかけに、「別にありません」というこれまたおなじみの返答で時間が無駄になりがちです。そこで、メンバーが必要としている情報を提供したり、メンバーから希望や提案を促したりするなど、しっかりと考えてプロセスをつくり、進めるのです。

　ブレーンストーミングで、アイデアをその場で出せといわれてもなかなか出てきません。そこで、「水曜日の会議には、各自3つアイデアを持参してください。それを発表し合うことにしましょう」などと事前に伝えておくことが必要となります。

　問題解決のためのミーティングにおいては、問題解決の思考のプロセス、例えば現状をどのように解釈するかという現状把握があり、次に問題の分析、これは問題の性質がどういうものかを掘り下げることです。その問題が明らかになったらその対策の検討です。問題の性質によって、解決しなければいけないことは異なります。そういうことを徹底的に掘り下げるのです。そして最終的に効果的な対策の選択というプロセスになります。そうしたプロセスを知らなければ、ただのおしゃべりになってしまいます。

変革3　組織能力

４つの思考手順（ケプナー・トリゴー法）

ＳＡ（シチュエーション・アップレイザル／状況把握）

〔課題は何か〕

ＰＡ（プロブレム・アナリシス／問題分析）

〔原因は何か〕

ＤＡ（ディシジョン・アナリシス／決定分析）

〔最もよい案は何か〕

ＰＰＡ（ポテンシャル・プロブレム・アナリシス／潜在問題分析）

〔将来何が起きそうか〕

　話し合いの仕方や思考手順が分かっている会社では、研修会などの進行も実にスムーズです。新しいテーマでもすぐに話し合うことができます。ケース・スタディでも、それなりに結論を出せるのです。ところが話し合いの仕方が分かっていない会社では、全員が沈黙したままだったり、あるいは一人でペラペラ喋る人がいたりします。いずれにしても「話し合い」が全くできないのです。思いつきで話す人、黙っている人、適当に合いの手を入れる人がいて、話し合いに発展しないで終わってしまう会社もあります。それではどのような研修を実施してもだらけた感じで終わってしまいます。いくら新しい知識を学んでも組織として活かすことができないのです。

　話し合いができない会社は、「トヨタの５なぜ」を実施しても、「なぜなぜなぜなぜ」と掘り下げるところまでたどり着けません。話し合う能力が低いために、ほとんどのことを検討することができず、結局は効果を出せないのです。特にトップはじめ、経営の上層部がコミュニケーション下手という会社は致命的です。上層部が率先してコミュニケーション能力を高めるための研修を行うなどの対策を講じる必要があるでしょう。

９．ＭＩＴ分析

　対話やコミュニケーションの効果を高めるためには、できる・できないではなく、どこまで効果を高めることができるかを考えます。対話のプロセスが何によって決定づけられるのか、上手くいく・いかないのか。話し合う際のメンバーの態度に注目し、

雰囲気づくりを意味する「M：メインテナンス」、個人の感情を意味する「I：インディビデュアル（個人的）」、課題達成を意味する「T：タスク」の３つの側面を評価する手法があり、３つの頭文字をとってMIT分析と呼ばれています。

　MITのレベルを高めることによって会議の中身が変わります。メンバーがお互いのMITを観察し、フィードバックを重ねます。これは、フィッシュボール、金魚鉢の中で金魚が泳いでいる姿を外側の人が見るように、話し合いをしているチームを別の人たちが見て、チームのメンバーに、「あなたは他人の提案に否定的すぎるよ」とか「どういう整理の仕方がいいか、を言わなくちゃダメでしょう」などとアドバイスするのです。これは研修プログラムとして開発されています。コミュニケーション下手の会社がこの研修を実施すると、その後の会議における話し合い方や物事の掘り下げ方だけでなく、普段のコミュニケーションも変わってくるでしょう。

　例えば、聞き手がよく相槌をしたり頷いたりする人だと、話し手は、「よーし、もっと頑張っちゃおう」と、いろんなことを話せるようになります。しかし、無視されたり興味なさそうな態度をされると、話しづらくなってしまいますね。これがMのレベルです。Mは相手が話しやすくなるための重要な雰囲気づくりのことです。「お〜なるほど」と言ってくれればどんどん話せるようになります。Iは、どちらかというと個人のわがまま的な感情ですが、割と愛想の良い方だとIがプラスに効果的に出ます。ニコニコ微笑んでいたら、うんうんわかるというような反応になるのです。しかし愛想の悪い方だとつまらなそうにふてくされて見えると、話し手はがっかりします。その人は別にふてくされていなくても、そう受け取られてしまえばダメなんです。Iは自分で相手のために工夫するしかないとして、もう一つタスクですが次のように使っています。例えば「こういう分析の手法を研修で教わったのだけどこれでやってみましょうか」とか、「いつもの〇〇分析手法を使いましょうか」とか、という一種の提案です。そうすると、Mは励ます、調停する、譲歩する、対話を促す、などです。Iは悪い方で言うと邪魔する、茶々を入れる、閉じこもる、笑う、冷やかす、などです。Tは、「こうしましょう」と始める、意見や情報を求める、「いかがでしょうか？」、「私はこう思います」と意見を提供する、明確化する、「こういう風に整理することができると思うんですよね」と掘り下げる、集約する、ということです。

　こうしたことを重視している会社の多くは超優良企業です。例えばトヨタは「５ナゼ」で有名ですし、ホンダはKT法を導入して、ワイガヤという文化をつくりました。KT法は先ほどの問題解決の思考法で、ステップ型の思考或いは対話法のことです。

ＭＩＴ項目

以下のそれぞれにプラスのマイナスの表情、態度、行動がある。
誰がどのような表情、態度、行動をとっているかを観察し、適切なフィードバックを行う。

Ｉ　グループの形成・維持機能（Ｍ）
1　励ます
2　調停する
3　譲歩する
4　コミュニケーションを促進する
5　目標の設定
6　雰囲気をつくる

Ⅱ　個人の欲求を満たす行動（Ｉ）
1　邪魔をする
2　攻撃する
3　持論に固執する
4　自分の殻にたてこもる
5　見下し
6　寄りかかり

Ⅲ　グループの課題達成機能（Ｔ）
1　新たにはじめる
2　情報や意見を求める
3　情報や意見を提供する
4　明確化する、掘り下げる
5　集約する
6　意見一致を確認する

こうしたコミュニケーションや、組織としての対話プロセスを高めていくことを組織開発と言います。ユニークなコンテンツや卓説した戦略が生み出されるような組織を賢明な組織と呼ぶとすれば、自由に多様な意見交換ができるような場合は、健全な組織ということができるでしょう。

○グループの形成・維持機能（M）

グループの形成・ 維持機能（M）	M機能活動	M機能を破壊する行動
はげます	友好的、暖かく、応答的、相手を認める	冷たい、反応しない。拒否、無視
グループの感情を表出する	感情、雰囲気、人間関係を感じ取る	グループ全体としての感情を無視する
調停する	異論を和解する、緊張を緩和しようとする	メンバーを苛立たせる、いじめ、煽動、感情刺激
譲歩する	誤りを認める、譲歩を提案する	防衛的になる、引き込み、傲慢
コミュニケーションを促進	参加を促す、話し合いができるよう提案する	ミス・コミュニケーション放置、聴こうとしない、グループ・ニーズ無視
標準の設定	達成すべき標準を示す	自分勝手、場に合わない言動、目標無視

○個人の欲求を満たす行動（I）

個人欲求（I）	個人欲求を満たす行動
じゃまをする	人の意見を聴こうとしない、議論を混乱させる、邪魔をする
攻撃する	攻撃的な言い方で、議論に勝つことだけに終始
持論に固執する	自分の意見ばかりを主張し、理性的に行動しない 自分の得意なことばかり、言い出したら引っ込めない
自分の殻にたてこもる	形式や建前にこだわる 議論には無関心、私語
見下し	地位、肩書き、権力をふりまわす 自分に不利な発言をさせない、支配圏を広げようとする
寄りかかり	他人、特に強力者に依存する 深く考えない

変革3　組織能力

○グループの課題達成機能（Ｔ）

グループの課題達成機能（Ｔ）	Ｔ機能活動	Ｔ機能を破壊する行動
あらたにはじめる	課題や目標を提案、問題の設定、解決への手順の提案	他の人が"しはじめる"のを待つ、アイデアや示唆は出さずにおく
情報や意見を求める	事実を求め、適切な情報を求める、提案や意見を要請する	事実の必要性、問題にとってなにが大切なのか気づいていない、他人の意見を聞こうとしない
情報や意見を提供する	事実を披瀝し、適切な情報を提供する、確信するところを述べる、提案やアイデアを提出する	事実を回避する、個人的な意見、偏見を好んで述べる、場にあわないことを言う、意見や考えを引っ込めたまま
明確化したり、掘り下げる	アイデアや示唆を解釈したり、見直す、他の可能性や問題点を指摘する	混乱や曖昧さに気づいていないか、それに苛立っている、他者の混乱を放置する
集約する	関連をまとめる、結論や決定を示す	関連性や統合を検討せずに前進するのみ
意見一致を確認する	どこまで合意が得られているのか確かめる、非合意も明らかにする	自分のニーズにのみ関心、グループの現状・方向には考慮なし、不平をいう

　健全な組織というのは、皆がワイワイ元気よく騒いでいるようなイメージとは異なります。ここでいう健全性というのは知的な会話ができるという意味です。ダイアログの意味は、意見交換というよりも、思索交換です。できれば会社を思索交換の場にしていただきたいのです。世間話や雑談も結構ですし、スタートアップバブルのような大騒ぎをするのもたまにはいいけれど、知的に掘り下げることに集中することをぜひ意図してください。

変革3　組織能力

１０．プレゼンテーション

　プレゼンテーションは、変革を進める上で欠かせません。「わが社はこんな状況です、このように変えていきたいと思います」などと、みんなに提案や説明をする機会が少なからずあります。「こちらへ行こうとすると、このような障害があります」、などとピーンときてもらうように説明を行って、変革を進めていくわけです。ですから、変革のプロセスにおける影響は大きく、コミュニケーションの次にプレゼンテーションのスキルを習得する必要があります。プレゼンテーションも目的や目標を明確に認識することが大切です。

プレゼンテーションの原則

１．目的を明確に書き出す

　「明確かつ限定された目的」を達成するために、ひとつの文章にぎりぎりの簡潔さで書く。そして、それを参加する全員が漏れなく理解していること。

２．オーディエンスを見定める

　テーマの関連要素について、彼らはどの程度知っているのか？　興味と関心の深さはどの程度だろうか？　単に誰かと比較をしているだけなのか？　偏見や抵抗はどうなのか？終了時にどのような印象をつくりあげるのか？

３．内容の構成要素

（１）各部分のポイントを決める。準備できている項目と準備中の項目とは分けて
　　　検討する。（パラグラフのトピックセンテンス、そこのキーワードは）

（２）各部分の所要時間を記録しておく。（だが、リハーサルでも棒読みは避ける）

（３）構成要素にプライオリティ（○△×）をつけて、分類する。

（４）論理にかなった順序に構成する。（話が連結しているか）

４．構造化・脚本化

　論理的にした順序を、ひとつのまたは一連の「面白い話〜ストーリー」に変換する。
　ストーリーには、キャストがおり、彼がやろうとしたことがある、周りに様々な文脈がある。それを簡潔にまとめたものがストーリーである。

変革3　組織能力

（1）所要時間…できるだけ少なめにおさえる。長く感じるところは徹底的にカットする。

（2）導入…アテンション（注意喚起）なのか、イントロデュース（招待）なのか、アクセプタンス（受容・共感）を得るのか、いずれにしても、明確に決める。

（3）つながりをもつ…オーディエンスがよく知っており、理解しているところからスタートする。オーディエンスの経験や問題から。

（4）関係を保つ…ステップ毎に生じている疑問や混乱をリードする。

（5）話法の効用…事実の説明を淡々としてはならない。物語をしているのだ。

（6）間口を広げるな…あれもこれも言おうとしない。網羅的になるほど、分かりにくく退屈な話になる。焦点を思いきって絞る。

　まず、プレゼンテーションの目標を定めます。これが定まらないと物事は進みません。次にプレゼンテーションの対象者がどのような考え方なのか、どのような事を知っているのか、あるいは知らないのか、どのような事に関心があり、何に無関心なのか、どのような流れでどのように話せば聞いてくれるのか、興味を起こしてくれるのか、あるいは共感してくれるのか。そのようなことを考えて、計画や演出をして、練習を繰り返すのです。

変革4　顧客・市場

　顧客・市場に関して必要な知識がいくつかあります。例えばセグメンテーションやターゲティングなど、マーケティングの教科書ではＳＴＰと紹介されていますが、お客さんを分けること。「いろんなお客様がいるから分けるのは大変だよ、無理だよ」と言っていては先に進みません。それではデータ軽視の経営になってしまいます。

1．ＳＴＰ

　顧客を何種類かに分ける。分けた顧客ごとの異なる特性を探っていく。大学でマーケティングの科目を履修した人は例外なく教わりますし、知識として知っている人は多いでしょう。ところが、実践できている会社は意外に少ないのです。なぜかというと、セグメンテーションは、社内にデータを蓄積していなければできないからです。

ＳＴＰ

　ＳＴＰのＳは Segmentation（セグメンテーション＝市場細分化）、Ｔは Targeting（ターゲティング）、そしてＰは Positioning（ポジショニング）で、それぞれの頭文字をとってＳＴＰと呼ぶ。自らの市場を細分化し、ターゲットを決め、製品やサービスを位置づける、つまり意味や性質を決める。この手順は、いわばマーケティングの定番である。

　いわゆるＱＣＤ（品質・コスト・納期）でビジネスを考えることを、生産志向とか製品志向という。次が販売志向で、何とかして売り込もうというものである。こちらは、売上げ、コスト、利益ばかりを考える。ここから脱却しようというのが市場〜顧客志向である。「誰が、使うのか」、「どのように使うのか」といったように、顧客のことを中心に考える。

　ＳＴＰは、この市場〜顧客志向を考える上での基になり、ビジネスを検討し、掘り下げる際の共通認識として不可欠なのである。

　顧客へのアプローチや対応方法に相当するものがポジショニングである。顧客全体をターゲットとするとニーズもその対応の仕方も漠然としてしまう。だがよく見ると、スピードを重視する人、親切さを求める人、専門的なアドバイスや情報提供を期待する人など、セグメントによってニーズは微妙に違う。

　事業そのものを特定ターゲットのニーズに絞ることもある。あるいは、顧客層全体をターゲット別に分けて、それぞれ異なったニーズに対応していく方法もあるだろう。いずれにしても、顧客を掘り下げ、洞察することから着手する。

　市場〜顧客志向の会社では、誰もがセグメントによるニーズの違いに関心を持つ。社内では、売上の多寡ではなく、セグメントAとBのニーズがどのように異なっているか、それが意味することをどう考えるか、といった内容が話し合われる。

　ＳＴＰは公式に当てはめて、要素を入力すれば、自動的に結果が出てくるものではない。セグメント間の違いを感じ取る。その違いが意味することは何なのか想像する。あるいはステレオタイプの平凡な解釈でなく、独特の文脈をそこに読み取る。そのような見方や考え方を交換し、顧客について学習を深めることが目的なのである。

　セグメントは、顧客を何種類かに分けて、それぞれのどのような好みがあるのか、どのような変化があるか、そうした傾向について一定期間をかけてデータを収集し、蓄積していかなければなりません。そして、データ蓄積を誰かがやってくれないとできません。ＳＴＰ、セグメンテーション、ターゲティング、ポジショニングをするためには、そういうデータ蓄積のノウハウなりやり方を身につけることと、専門部署や人が必要です。

消費者市場の細分化変数

変数		典型的な区分
地理的変数	地域	関東、関西、北海道、九州…
	都市規模	5,000人未満、2万人未満、5万人未満、10万人未満、50万人未満、100万人未満、400万人未満、それ以上
	人口密度	都市、郊外、地方
	気候	太平洋側、日本海側、など
デモグラフィック変数	年齢	6歳未満、6〜12歳、13〜15歳、16〜18歳、19〜22歳、23〜28歳…
	性別	男、女
	家族数	1人、2人、3〜4人、5人以上
	ライスステージ	若年独身、若年既婚子供なし、若年既婚末子未就学、若年既婚末子就学、高年既婚18歳以下の子供あり、高年既婚18歳以下の子供なし、高年独身、その他
	所得	年収300万未満、300〜500万、500〜800万、800〜1,000万、1,000〜2,000万、それ以上
	職業	専門職、技術職、管理職、公務員、（企業、不動産）所有者、事務職、営業職、職人、工員、運転手、農民、定年退職者、学生、主婦、無職
	学歴	中学卒または以下、高校在学、高校卒、大学在学、大学卒
	社会階層	下級階級の下位、下級階級の上位、中流階級の下位、中流階級の上位、上流階級の下位、上流階級の上位
サイコグラフィック変数	ライフスタイル	伝統的タイプ、快楽主義者
	性格	社交的、権威主義的、野心的
行動変数	購買機会	定期的機会、特別機会
	追求便益	経済性、便宜性、威信
	使用者状態	非使用者、旧使用者、潜在的使用者、初回使用者、定期的使用者
	使用頻度	少量使用者、中程度使用者、大量使用者
	ロイヤルティ	無、中間、強、絶対
	購入準備段階	無知、知っている、知識あり、興味あり、欲望あり、購買意欲あり
	マーケティング要因感受性	品質、価格、サービス、広告、販売促進

変革4　顧客・市場

ビジネス市場の細分化変数

デモグラフィック変数

1. 「業種」：どの業種に製品やサービスを提供すべきか

2. 「企業規模」：どれだけの規模の企業に製品やサービスを提供すべきか

3. 「所在地」：どの地域で製品やサービスを提供すべきか。

オペレーティング変数

4. 「テクノロジー」：顧客の持つどのようなテクノロジーに焦点を合わせるべきか。

5. 「ユーザーの状態」：ヘビー・ユーザー、ミドル・ユーザー、ライト・ユーザー、非ユーザーのいずれに製品やサービスを提供すべきか。

6. 「顧客のケイパビリティ（能力）」：多くのサービスを必要とする顧客、サービスをほとんど必要としない顧客のどちらに製品やサービスを提供すべきか。

購買アプローチの変数

7. 「購買部門を持つ組織」：購買組織が高度に集権化した企業、購買組織が分権化した企業のどちらに製品やサービスを提供すべきか。

8. 「社内の権力構造」：技術部門が実権を握っている企業、財務部門が実権を握っている企業などのいずれに製品やサービスを提供すべきか。

9. 「現在のリレーションシップの性質」：現在強いリレーションシップを確立している企業に製品やサービスを提供すべきか、それとも最も望ましい企業をひたすら追求すべきか。

10. 「全般的な購買方針」：リースを好む企業、サービス契約を好む企業、システム購買を好む企業、非公開入札を好む企業のいずれに製品やサービスを提供すべきか。

11. 「購買基準」：品質、サービス、価格のいずれを求める企業に製品やサービスを提供すべきか。

状況要因の変数

12. 「緊急性」：突然の注文に迅速な配達やサービスで応じることを求める企業に製品やサービスを提供すべきか。

13. 「特定のアプリケーション」：自社製品について用途を限定しないアプリケーションよりも、特定のアプリケーションに焦点を合わせるべきか。

14. 「注文規模」：大口注文と小口注文のどちらに焦点を合わせるべきか。

組織パーソナリティの変数

15.「買い手と売り手の類似性」：従業員と価値観が自社に類似している企業に製品
　　やサービスを提供すべきか

16.「リスクに対する態度」：リスクを受け入れる顧客、リスクを避けようとする
　　顧客のどちらに製品・サービスを提供すべきか。

17.「ロイヤルティ」：供給業者に対して高いロイヤルティを示す企業に製品やサービス
　　を提供すべきか

ビジネス財のセグメンテーション基準

組織のタイプ	メーカー、病院、学校、行政・自治体、公企業、農家など
人口統計	企業規模（従業員数、売上高、資本金など）、日本標準産業分類、保有工場数
地理	立地（関東、関西、中部、九州、東北、北海道など、大都市近郊、地方）
製品の種類	部品メーカー、製造設備メーカー、原材料メーカー
購買状況のタイプ	本社一括購入、事業部ごとの発注 調達部門の独自決定権限が強い、あるいは他の部門の影響を受けやすい
調達先忠実度	一度供給業者を決めたら変えない、あるいは購入機会ごとに変更
互恵性	互いに相手の製品を購入している、あるいは一方的に買うだけ

　消費財の場合は、一般的に知られているように、人口統計的なもので見ていくわけですが、Ｂ２Ｂの場合も同様に、従業員数や資本金、売上高等で区分するわけです。その市場の特徴に合わせて独特なセグメンテーションができるようになると、これがユニークな戦略に結びついていくわけです。あるいは独特な顧客価値に結びついていくわけです。

　顧客のニーズや要望は様々ですが、それを絞ります。例えば「遊園地」だと絞られていませんが、ウォルト・ディズニーは「ファミリーエンターテイメント」と絞ったわけです。マクドナルドはハンバーガーショップを「ＳＱＣ（スマイル、クイックリー、クリーンリネス）」に絞るわけです。最初は漠然としているものを何らかの形で具体的に絞っていく、そのための共通項を見出すのがターゲティングです。

変革4　顧客・市場

どのような人たちが、どのような事で共通するのか、を考えます。例えば母親と子供の親子連れの場合と父親と子供の親子連れの場合は購買行動がどう違うのだろうかとか、兄弟の場合はどうなるのか。そのように検討していきます。

重要なことは実際にやってみる事です。セブン‐イレブンの有名な話があります。同社の親会社だったサウスランド社の研修に鈴木敏文氏が参加した時の話です。7時から23時までの16時間営業の店舗と、24時間営業の店舗があり、両店舗の来店客数には大きな差がありました。営業時間の差以上に24時間営業の店舗の売上が圧倒的に多かったのです。

そのことから、「閉店後に訪問したお客様は、『あそこは閉まっていた』という記憶が残り、他の店に行ってしまう可能性がある」ことを発見したわけです。このように学習、発見していく事も顧客の検討なのです。そうして徐々に顧客について理解、精通していくわけです。

2．USP

USP（ユニークセリングプロポジション）は、「独特の販売提案」のことで、マーケティングでは有名な切り口ですが、教科書には載っていません。もっぱら広告の実務の世界で使われてきました。「こんなに効果がありますよ」と言われるとドキッとして、「あ、じゃあそろそろ買わなくちゃ」となるようなものを発見することです。まだセールスが一般的な時代の言葉なので、セリング（販売）という言葉が使われていますが、このUSPには3つのポイントがあります。

一番目は、製品やサービスそのものに非常に大きな魅力、高い価値があるのか。二番目は、VRIOの希少性と同様に、他社では提供できないような独自性があるのか。そして三番目が、たくさんのお客様を集めることができるのか、というものです。「質より量」を求めています。現代は「量より質」の時代なので、三番目のポイント「特定のお客様を引き寄せる魅力」と置き換えることができるでしょう。

今も、広告や販促のインパクト度合いを検討する際に「USP」が使われています。このような言葉を日常的に使用して議論ができることが要求されます。消費財分野で、ブランド構築が上手な企業は、そのようなことを競合他社に先駆けてやっていたのです。

ＵＳＰとは何か？

　それは１９４０年代初めに、テッド・ベイツ＆カンパニーで考案された理論だ。このおかげで同社は、ひとつのクライアントも失わずに取扱高を４００万ドルから１億５０００万ドルに増やし、クライアントにも、劇的な、ときに前例のない売り上げをもたらした。

　しかし今日、ＵＳＰは広告界でもっとも誤用されている略語のひとつとなっている。何百もの広告会社がこの言葉を使い、多くの国々にも広まっているが、それらが大ざっぱに、はっきり理解されないまま指しているのは、しばしばスローガンや洒落たフレーズ、変わった写真、単なるヘッドラインにすぎない。それどころか、競合する他の広告とは若干異なって見える、ありとあらゆるものに使われているといっていい。まさに、『鏡の国のアリス』でハンプティ・ダンプティが言った、こんなセリフさながらの気ままさで使われているのだ。「私が単語を使うとき、それは私が選んだ意味だけを意味するのだ——それ以上でも以下でもなく」

　実際には、ＵＳＰは厳密な用語であり、厳密に定義づけるのがふさわしい。まずは、古代ローマの属州ガリアのように三つに分割される。

①広告はすべて、消費者に対して提案（プロポジション）をしなければならない。単なる言葉や、単なる製品礼賛、単なるショーウィンドウ的広告ではなく、見る（読む）者にこう言わなくてはならない。「この製品を買えば、この便益（ベネフィット）が手にはいります」と。

　この教えはもちろん、過去６０年にわたり、広告に関するほぼすべてのテキストの１ページ目に記されてきた。だが、いまでは忘れ去られた技術となりつつあり、守るよりも破ったほうが敬意を払われる。

②その提案は、競争相手が示せない、もしくは示さないものでなければならない。それは独自でなければならない。すなわち、そのブランド独自のものであるか、その分野の広告ではなされていない主張であること。

　独自の提案であれば、それだけで強力な広告になると思う向きもあるだろう。だが、独自の提案であっても売れないものは何千とある。たとえば、ある有名な練り歯磨きはかつてこんな広告を打っていた。「リボンみたいに、出てきたらブラシにひらたく

乗ります」。これは提案だったし、独自のものだった。だが、世間の人たちを動かすことはなかった。そんなことは重要ではないと思われたからだ。こうして、われわれは第3のパートにたどり着く。

③その提案は、数百万の人々を動かせるほど強力でなければならない。すなわち、製品に新規顧客を引き寄せられるものでなければならない。

　以上の3つのポイントを一言にまとめるとこうなる。「独自な売りの提案」。これがＵＳＰだ。

　当たり前のように聞こえるかもしれない。だが、それほど一般化したことを言っているわけでもない。言っていることはこうだ。

　「ある種のキャンペーンは、購入への牽引力における挺子の作用が、ほかより大きい。そうしたキャンペーンはどれも製品についてなんらかの主張をしており、しかもそれらの主張はどれも独自性があり、なおかつ消費者にとって興味深い事柄になっている」

ロッサー・リーブス『ＵＳＰ』

　そのような概念やコンセプト、キーワードが、日常のコミュニケーションや打ち合わせでも頻繁に使用される。「じゃあ、ＵＳＰはこれにしようか？」、「それだとユニークさがちょっとイマイチだね」といったように検討されていく事で価値が高められていきます。

　顧客理解とは、お客様のことをもっとよく理解しようということではありません。特定の生活行動や選択行動に関する変化や筋道（ストーリー）を探ることです。顧客にとって何が価値あるものなのだろうか、昔は価値があったものが、どのようにして価値を失っていったのか、どのようなものが新たな価値として出現してきているのか、そのようなことを絶えず見ていく事です。お客様の中に変化を見ていくという事が市場理解、あるいは顧客理解です。

　市場理解ができない企業は、顧客や市場を理解する方法を知らないのです。やり手の店長やスーパー営業マンがいれば顧客を理解できるわけではありません。リサーチに関する理論や手法を用いて調べなければいけないわけです。

　次は、リサーチの手法を知っていてデータを収集しているものの、学習した知見を用いて市場分析したり掘り下げたりすることができない企業レベルです。ＳＴＰを知っていることと実際に顧客をセグメントしてみることは全く違います。ＳＷＯＴも、知って

いるだけでは意味がありません。実際に使うことで初めて価値に転換するわけです。手法や理論は使って初めて価値が出ます。使えば必ず価値が出るのです。そうした手法を使う習慣がない限り、研修をいくら実施しても価値に転換できません。また、各自の経験として「こんなことがあった、あんなことがあった」と認識していても、データとして積み上げられていないと知識を活用できません。

　思いつき的に「こう思うよ」と意見を言うことはできても、会社の価値にはなりません。会社の価値をつくるためには、理論や手法を日頃から業務で活用するようにしなければいけません。もう一つは「データを蓄積する知識を蓄積する」ことが必要です。そうすることで価値に転換できるのです。

　市場を理解できるレベルの次は、効果的な方法がわからない、有効でないというレベルになります。有効でないレベルの場合、消費財では消費者意思決定プロセスというものを検討します。

変革4　顧客・市場

コラム　消費者行動モデル

1．刺激・反応モデル

　消費者の行動を、プロモーションや価格訴求などによる刺激と、それに対してブランドや店舗を選択・購買する反応としてとらえる。より正確には、刺激（stimulus）と反応（response）の間に、態度や意図として生体（organism）を入れ、Ｓ‐Ｏ‐Ｒモデルと呼ぶ。

　しかし、消費者を刺激に対して反応する受動的な存在としてとらえ、刺激と反応の関係のみで説明することには限界がある。実証的な広告効果の調査研究が繰り返されたが、両者の間に明確な関係を見出すことはできなかった。

　そこで、プロモーションや価格訴求といった刺激を消費者がどのように解釈し、また、それらの情報をどのように処理し選択へと結びつけていくのか、という消費者の内的・心理的プロセスに焦点化したアプローチが求められた。

　このような要請から、消費者行動を情報処理プロセスとしてとらえる見方が登場する。

2．情報処理モデル

（1）問題解決行動

　消費者は、何らかの目的を前提として、その目的を達成するために能動的な行動をとるものと考える。環境の変化などにより、「目標状態」と「現実状態」の間に乖離が生じ、それを解決しようとする「能動的問題解決行動」を消費者行動ととらえるのである。

（2）情報処理行動

　消費者は不完全な情報の範囲で、問題解決を図らざるを得ず、従ってその結果には不確実さがつきまとう。そこで、その不確実性を少しでも減らすための行動をとる。

　それは、追加的情報の「探索（search）」と「取得（acquisition）」、その内容の「解釈（interpretation）」、および既存情報との「統合（integration）」と「貯蔵（storage）」を内容とする一連の「情報処理（information processing）」である。

　情報には外部情報と、それを意味化した内部情報があるが、特に後者はその個人が持つ記憶であり「知識」である。これは個々人に特異なものであるし、同じ人でも状況によって異なる可能性がある。

（3）焦点の変化

　こうして、単に刺激に対する反応ではなく、むしろ情報処理という内的で心理的なプロセスに関心の焦点はうつる。

3．概念モデル

（1）情報の処理と貯蔵

　情報処理パラダイムでは、消費者は情報を探索・取得・解釈・統合・貯蔵する「情報処理系（information processing system）」として性格づけられる。そして、認知心理学の記憶理論を借り、一時的な「短期記憶」と大量情報の永続的貯蔵庫としての「長期記憶」を想定する。外部情報は短期記憶として意味づけや解釈され、反復に応じて長期記憶へと転送され、貯蔵される。こうして位置づけられた情報を「知識」、それが相互に関連付けられているものを「知識構造（knowledge structure）」と呼ぶ。

　この短期記憶および長期記憶（知識構造）を中核として、「問題認識」「情報取得」「情報統合」という3つの下位プロセスで構成されるというものが概念モデルである。

（2）問題認識プロセス

　問題認識プロセスは、具体的かつ個別的な情報処理の「方向」と「強度」を決めて、情報処理プロセス全体をコントロールする。つまり対象を選定し、プライオリティをつける。このプロセスは消費者の情報処理行動自体を駆動し方向づける役割を果たしており、これにより情報取得と情報統合のプロセスは細部にわたってコントロールされる。

（3）情報取得プロセス

　問題認識プロセスにより、直近の目標が与えられたとき、消費者はその目標達成のために関連する外部情報を積極的に探索・取得し、かつ、取得した情報をその文脈と既存の知識（長期記憶＝知識構造）に照らして意味づけ、解釈しようとする。具体

的には、外部情報の取り込みを行う「注意（attention）」と「理解（comprehension）」という処理を行う。

刺激反応モデルでは、消費者は受動的な反応者という存在であったが、情報処理モデルでは、能動的な「情報探索（information search）」を行う人である。情報探索は、内部記憶の検索から始まり、十分な情報がない場合には外部の各種情報源（広告、セールスマン、店頭陳列、知人の話など）へ向けての探索がなされる。

「注意」の段階ではかなりの量の情報が収集されるが、その保持は瞬間的であり、とくに注意を向けられたごく一部分が短期記憶に取り込まれ、それ以外の情報は消滅する。一方、「理解」は、情報が得られた文脈や既存の知識に照らして意味づけを与え、より主観化された内部情報へと変換する。場合によっては、その過程で善し悪しなどの「推測（inference）」が行われるなどの後、情報は長期記憶内に貯蔵される。

取得される情報には広告のような説得的メッセージが含まれるが、これは素直に受け入れられるとは限らず、「認知的反応（cognitive response）」に依存する。これは、説得的メッセージに対して生じる「思考」のことで、共感、反発、毀損のいずれの反応を引き起こすか、ということが問題である。

（4）焦点の変化

十分な情報が取得されると、それらをいかに統合し意思決定するかという段階になる。問題解決のための代替案を評価・選択するために、情報を一定のルールに従って統合していく。消費者行動の場合、ここで複雑な分析や包括的な検討を行わず、ヒューリスティックと呼ばれる簡略化されたルールに基づき、最適ではないが受け入れ可能な解を見出そうとしている。

代替案選択に関するヒューリスティックには次のようなものがある。

①感情参照（記憶内にある感情（態度）で判断する）
②連結（代替案の属性について必要最小限の基準を設け、一つでもこの必要条件を満たさないものを拒絶する）
③分離（連結の逆で、一つでも十分条件を満たせば選択する）
④辞書編集（重要性で属性を順序づけ、最も重要性の高い属性で最高点を選択する）
⑤線型代償（各属性に重要性のウェイトをつけ、各属性の評価とその属性の重要性の総和としての全体的評価の最も高い代替案を選択する）

まず消費者が問題を認識します。あるモノなりサービスなり、あるいは情報が必要だなと感じることです。そして、それに関する情報を探索します。どういう製品があるのか、どういうサービスがあるのか。その中で「どっちがいいかな」と代替案を評価します。そして製品なりブランドなりを選択するのです。

3．消費者意思決定プロセス

これが消費者意思決定プロセスですが、このプロセスを知っていると、プロセスの段階ごとにどのような選択をして、その中で何が選ばれる、あるいは捨てられて、次にどうなっていくのかを仔細に検討することができます。

ビジネス財の場合は顧客の購買プロセスや関係者の役割の理解、つまり、品質管理部門や技術部門、製造部門などの役割や検討方法について知っていれば、習慣的にこうした検討を行うようになります。相手先がどのような検討を行うのか知っているので、事前にその検討をこちらもすることができるわけです。市場理解が効果的でないということは、たぶんこのレベルにまで行っていないということです。つまり、顧客の検討プロセスを知らないから、それを検討することができていない。そうすると顧客が評価検討することが抜け落ちるわけです。こうした分類整理や解釈検討の方法も、少し勉強すれば理解できることです。

それを外注してしまうと自ら検討することをしなくなります。「丸投げ外注はよくない」とよく言われますが、リサーチも同じです。専門会社に頼んだ方が時間もかからないし、正確で報告書の出来栄えもいいので、ついつい丸投げするようになります。そうすると、発注側は全く思考停止状態になってしまうのです。

調査は自社で行うものです、たとえ下手でもいい、時間がかかってもいいから自前でできるようにしなければなりません。繰り返し実践することで、段々と習熟していきます。仮に外注するにしても、自前経験がなければ評価や判断を下すことができません。少なくとも、調査の中心となるところは、自前や共同で行わなければなりません。

様々な分類法や解釈法を知れば知るほど、従来とは異なったアプローチや実験、テストを行うことができるようになります。要するに基本的なことがわかるようになると、従来とは違ったアプローチが使えるようになるわけです。基本的なことがわからないうちは、いろんなアプローチを使いこなせません。しかし、基本的なことがわかってくると色々な知識を使いこなせて新たなアプローチを取り入れられるようになります。

4．グループ・インタビュー

市場理解は、実際にお客様を観察したり話を聞いたりすることですが、広い意味で言うと定性的理解と言います。定性というのは質的という意味です。アンケート調査のような量的な統計的な調査ではなく、インタビューや観察などを指しています。

量的調査は別として、定性的な質的調査手法については社員の皆さんが修得すべきものです。例えばグループ・インタビューなどはその代表的なものです。

グループ・インタビューの企画・分析・報告

項目	内容・構成
1 インタビュー全体像	（1）企画…依頼者のオリエンテーション、企画書案作成、企画打合せ（企画の共有化） （2）インタビュー…リクルートとフロー作成・シミュレーション、インタビュー実施・記録 （3）分析…インタビュー詳録・サマリー作成、分析と解釈、必要な場合は提案・提言の検討 （4）報告書作成…依頼者への報告
2 企画の重要性	（1）企画をしっかりとたてる…目的の明確化、分析フレームの決定、曖昧な目的の場合には実施しない
3 企画書作成	【基本項目】 ①調査背景　②調査目的　③調査結果の利用法　④調査課題　⑤調査方法 ⑥調査対象者条件　⑦対象者条件設定理由　⑧リクルート方法 ⑨調査日程（実査会場）　⑩実施担当者　⑪インタビューガイド 【考え方】 ・調査背景：マーケティング目的を達成するためのマーケティング課題は、「結論」をふまえて依頼者が達成する対象 ・調査目的：複数のマーケティング課題の中で、調査で解決する課題のみを目的とする ・調査課題：目的を達成するために明らかにすべき課題 ・インタビューガイド：課題を具体的なインタビューの言葉に置き換える
4 対象者条件設定	「目的に合っていない人」は調査のムダになる。 目的にかなった対象者条件を、具体的にかみくだいた定義づけを行う。 これは企画書内容に明記し、依頼者と実施者で共有する。
5 インタビューガイド	①調査課題を1対1の質問型ではなく、出席者どうしで話し合いやすい「話題」のかたちに置き換える。 課題：〇〇の満足 悪い例：〇〇で満足していることは何ですか？ 良い例：「〇〇のよいところ」ということを話題に、皆さん同士で自由に思いつくまま話し合ってください。 ②「話題」の案は、次の2つの観点を考慮しながら、複数提出する。 ・活発な話し合いになること ・その「話題」で話し合われる内容が、調査課題に応えていること 　その上で、各案の適格性を検討し、より適した案を選ぶ。判断に迷う場合は、各案別々に模擬インタビューを行い、その結果で判断する。（シミュレーション）

変革4　顧客・市場

6 リクルート	（1）スクリーニング調査 ①商品、ブランドがわからないようにダミー質問を入れる　②ＳＡでなく、ＯＡの再生法で　③半年以内に調査参加経験のないこと。
7 インタビュー	（1）詳細フロー（スクリプト）づくりとシミュレーション 　　①すべての言葉を吟味 　　②話し合いのイメージ化 　　③提示物の提示の仕方チェック （2）司会のポイント 　　①質問～回答にならないように工夫する 　　②積極的傾聴を（笑顔と反応） （3）参加者の動機付け 　　①自己紹介 　　②目的説明 　　③話し合いのルール説明　④記録と利用方法の説明 （4）参加者の自己紹介：自己紹介シート（名前、趣味・関心事、家族構成、テーマ関連）を出席者同士の手渡しで回す （5）ウォーミングアップ：軽い話題を用意して、10分ほどの話し合い （6）問いかけ：クローズＱや、なぜ、どうしてとたずねない。①購入理由や意図でなく、全体の印象や良さを話題に　②Ｘと比べてどうかと比較させる （7）グループのコントロール：①話題の垣根ボード（その時の話題を貼りだす）　②ふりわけ（人、事） （8）反応・発言の注意 　　①初発反応　②態度・評価の変化　③生活場面（リアルに近づける）④事前の市場情報から推測　⑤具体的な言葉に（かわいい、かっこいい、ワクワクは言い換えを）　⑥出現しない情報は「適宜確認」⑦個々人からの情報（事前に記入式アンケート）　⑧揺り戻し（ネガからポジ） （9）ホンネとタテマエ、ウソを見ぬく：①行動確認　②実際の行動を観察（商品名だけのボードを提示し、特徴をたずねる） （10）ホンネは深層心理で：「自分にとって」「自分のために」 （11）A but B ①「なんですけどね」の後を促す　②時間差発言にA but B を （12）事前学習：①カテゴリーの基礎情報　②ブランドの市場情報　③店舗観察
8 分析	（1）上位下位関係分析法：①人生ニーズ→生活ニーズ→商品ニーズ②ベーシック・ニーズとオケージョナル・ニーズ （2）因果対立関係分析法：①フォース・フィールド分析（促進と阻害） （3）ＣＰ（コンセプト・パフォーマンス）バランス分析 （4）ニーズ・タイプ分析：①機能的ニーズと情緒的ニーズ　②必需的ニーズと魅力的ニーズ　③知覚ニーズと非知覚ニーズ　④ニーズの顕在と潜在

変革4　顧客・市場

		（5）パフォーマンス・インパクト分析：①重視度と満足度　②満足度と不満度
9 報告書		（1）構成：①結論（サマリー）　②調査結果の詳細　③提案
		（2）文章表現：①事実と推測の分離　②明瞭・明確・具体的　③用語の統一　④重点（結論）先行　⑤適切な論理接続詞　⑥属性・背景・条件の明確さ　⑦傾向、散見、一部などの表現
		（3）提案の根拠：①「思いつき」「カン」でなく、具体的論拠を
		（4）チェックリスト：①論理整合性　②調査課題に対する明快な答え　③結論・提案の無矛盾（羅列はダメ）　④調査結果の利用法に合致　⑤ムダな重複がない　⑥マーケティング理論、消費者心理学、消費者行動論の正しい応用
10 ホンネとタテマエの洞察、検討		（1）対人的：「良く思われたい」「恥をかきたくない」、逆に他人に気遣い
		（2）常識・慣習的：規範的、正義感（正統性）バイアス
		（3）表現習慣・能力：「嫌い、まずい」、「かわいい」「使ってる」「やりたいと思う」などは「どのように」「頻度」「程度」など意味や状況が曖昧
11 ニーズの程度の検討		（1）主観的価値：美容と健康など
		（2）自己の能力評価：高能力ほどニーズ低下
		（3）過去の達成（満足）：容易性が高まるとニーズ低下
		（4）過去未達成（不満足）：妥協、あきらめ
		（5）性格：あきらめ（ニーズ低下）、安易（容易なニーズ強）
		（6）上位ニーズ：本とシューズ（勉強と遊び）
		（7）達成可能性：可能性によるニーズ強化
		（8）価値観：人生観が生活ニーズを、生活観が商品ニーズを規定
		（9）自我関与：関与度がニーズの高さを規定

　一人ひとりにインタビューする「デプス・インタビュー」は、本来は深層心理のインタビューです。別に深層でなくても、のんびりと話を聞くことによって、本人も今まで気づかなかったことに気づくことがあります。このインタビュー技法は、元々非指示的カウンセリングというセラピー用のものなので、インタビューされている側は、次第に気分がよくなっていきます。

　インタビューや観察の専門的な細かなところは省きますが、ぜひ基本を知ってください。基本を知る人同士で実際に店舗をみる、消費の現場（キッチンやリビングルームなど）をみる、企業であれば工場や研究室の中をみてくるのです。そして話し合う。それが顧客価値経営のいわば中心的な仕事なのです。顧客価値をどうするか、それを仕事の中心に据えていただくわけです。

変革4　顧客・市場

効果的インタビューの仕方

　行動に焦点を定めない気まぐれなインタビューからは、効果的なストーリー把握をすることができない。最近では、人の意思決定について「ものの見方」から把握しようとするＲＰＤ（認知志向意思決定）によるインタビューや、最初からストーリーを聞き出そうとするナラティブ・インタビューなどが専門家の間では行われている。その中の一つがＢＥＩ（Behavioral Event Interview）である。

　ＢＥＩは、ジョブ・コンピテンシー・アセスメントの核心をなすインタビュー技法として開発された。その目的は、人が仕事をどのように行なうかについて、その行動の詳細な記述を集めることである。一見関係ない質問をすることもあるが、それも対象者に重大な出来事（インシデント）のストーリーを語らせるための環境作りのためである。インタビュアーの役割は、対象者が「実際の状況のなかで取った具体的な行動や考えやアクションを読み取れる完全なストーリー」を話すよう、促し続けることである。

　ケース・スタディによる物語分析、行動事例のストーリー解明、思考プロセスのコンテクスト解釈などの際のインタビュー技法としての有効性も高い。

　ＢＥＩ＝行動結果インタビューでは、成功体験と失敗体験の二つを聞き出すことが基本である。しかし、時間的に二つの体験を聞き出すことが難しい場合も多い。その場合には、成功体験だけを聞き出す。

　成功体験を精神論的に「チャレンジ精神です」とか、「周到な準備と計画です」などと一般論でまとめたりされては意味がない。その方にとって強く印象に残っていて、重要な体験を２〜３、あらすじと一緒に聞き出す。その際にそれぞれのストーリーにネーミングをすると、その後の対話がしやすくなる。

　まず、一つのストーリーを選択して聞き出す。複数のストーリーは、時系列順に整理して聞くこと。ストーリーの最初の質問は、「このストーリーの始まりは、なんでしょうか？」「どのようにこのストーリーに巻き込まれたのでしょうか？」

　ストーリーを「自ら始めた」のか「誰かに巻き込まれた」のかの違いは特に重要である。それが「なぜ、行動を始めたのか」の動機を聞き出すことにつながる。

　しかし、何を聞き出したいのかを相手に気づかせてはいけないのが、このインタビューでの原則である。また、「ナゼ？」という質問は絶対にしてはいけない。

　理由を聞きたい場合には、「その時は、どのように考えていましたか？」という聞き

方をする。ナゼという質問は相手を身構えさせることは知られているが、このインタビューの場合は、「ナゼ」と尋ねると、相手は「今」を起点に過去にさかのぼって理由を新たに考えてしまう。つまり当時の考えを思い出さないで、記憶の上書きを無意識にしてしまうのである。

□望ましい回答例

「前から取り組みたかったことですから、チャンスだと思ったから、自ら手を挙げました」という模範回答もあれば、「あまり乗り気ではなかったのですが、指名されましたので」というものもある。これらの回答はこれでよい。大事なのはその次の「その時、どう感じましたか？」という質問に対する回答である。

ホンモノの経験者は、「大変だとは感じましたが、やってみようと思い」とか「成果をはっきりさせたいと思いました」というように「意志」が見えてくる。だがニセ者は、できない理由や困難さ、曖昧な回答でよく分からないことが多い。

□経験者の思考プロセスの解明

ストーリーの始まりでは、インタビューでその瞬間をシャープに切り取ることが極めて重要である。そこが漠然としていると、ストーリー全体が当たり前の話になってしまう。

・その時はいつなのか。
・どんな場所で、
・誰と話し、
・会話の内容はどういうもので、
・どんな事を感じ、
・何を考え、
・その後、どんな発言や行動をとり、
・その結果がどうなったのか、

をインタビュアーの頭の中でビデオを再生できるようになるまで聞き出す。

最初のシーンをうまく切り取れれば、聞かれる側もペースがつかめて、あとは聞かれなくてもどんどん自分から話してくれる。

この具体的なシーンのディテールを聞き出すことを「深掘りする」と呼ぶ。ストーリーのすべてを深掘りすると時間が足りなくなるので、キーになるところを深掘りする。ところどころに谷を掘るようなイメージである。

谷ではなくて、島に例える人もいる。小さな記憶の島をいくつか思い出してもらい、その島を繋いだものがストーリーになる、ということである。そこで、この記憶の島を上手に甦らせるのが、インタビューのポイントである。

変革4　顧客・市場

□インタビューの展開

　深掘りが終わったら、「次に事態が展開するのは、どのタイミングですか?」と質問する。

　たとえば「従来のリサーチ結果からだと、新奇性のないつまらないコンセプトになってしまうんですよ。だから別の観点からインサイトしなおそうということになって・・・」

　　質問：はっ?　それまではどういうコンセプトだったんですか?

　　え、それまでは・・・

　　質問：そのコンセプトはどういう議論から導かれたんでしょうか

　この例では、経験者は、どんなこと、ところに注目をしているのか。問題意識を事前に持っていたのか、それともリサーチ結果を見ていて、どこかで何を感じたのか、などということを掘り下げる。

　最初の感じがその後にどういう問題意識や仮説に変化するということもヒントになり得る。また、経験者が最初の仮説なり疑問を誰にどういう言葉で投げかけたのか、それについて相手はどのような反応をしたのか・・・

　プロフェショナルは、2、3年前のことでも、かなり鮮明に記憶している。彼らは非常に意図的に行動をしているからである。誰でもそうだが、ある時に、一生懸命に考えて決めたことは、強く記憶に残っている。特にシーンの景色（会議室の着席の様子や相手の表情など）と一緒だと、より強く記憶に定着している。

　この意図的行動の逆が反射的行動である。無意識に反応している行為は、全く記憶されていない。ダニエル・カーネマンの直感的思考（ヒューリスティック）と同じである。

　この意図的行動と、その行動を導いた「認知内容（どう見えたのか）」こそ、プロフェッショナル、経験熟達者から学ぶべきことなのである。

5．マンネリ化の打破

　定性的調査をある程度できるようになったものの、いまひとつ効果が上がらない状態になることがよくあります。それはマンネリ化に陥っている可能性があります。最初の頃は面白さもあり、一生懸命に取り組むものの、段々マンネリ化してつまらなくなり、以前行った調査の手法や手順と同じ事を漫然とやってしまいます。要するにどんどん手抜き仕事になっていきます。そういうやる気のない仕事では、新たな発見や気づきは得られませんから、調査は無駄だという結論が導かれてしまいます。そうしてやめてしまうのです。

　意識的に工夫しないと、物事はすぐに定型的、固定的になります。絶えずゼロベースに話を戻して、もう一度新たに考えることをしないと、ワンパターンに陥ってしまうのです。固定化ということは、調査者自身の問題意識で決まります。タイム、プレース、オケージョン、スタイル、あるいはシチュエーション、問題、プロブレム、ジョブ、文脈、コンテクスト、いろんな言葉が使われますが、テーマを何ととらえるかが極めて重要です。ここが新視点であれば、いつでも新鮮な調査ができるでしょう。

　顧客の価値として何とか際立たせたい、明らかにしたいという気持ちが不可欠です。当たり前に「運送」が自分たちの仕事だと認識していた従来の運送屋さんに対し、アート引越センターは「運送」そのものではなく、「荷造り」や「荷解き」の方が大変なのだと、インサイト〜発見しました。このUSPがないと、単に「運送」の調査を繰り返してしまうのです。「引越し」という新視点がなく、「運送」の利用者調査をいくら繰り返しても、何も発見できません。

　アート引越しセンターは、消費者にとって大変な方、つまり荷造り・荷ほどきを手伝うことに価値を見出しました。どこに価値があるのかがポイントなのです。

　皿洗い機のメーカーの場合、レストラン専用の皿洗い機に集中することがよいか、それとも学校や企業向けに多様なサイズの皿洗い機を展開することがよいか。いずれも価値はあるけれども、多様な皿洗い機をつくる価値と、特定のお客様の特定の価値、どちらなのだろう。こういうことを考えた上でなければ、調査の焦点を定めることができません。「どうなっているのか」を調べるのが調査ですが、「何」について調べるのか焦点を絞らなければ調べようがないのです。

　調査ができるようになるということは、他のテーマと同じで、概念を身につけた人同士が、概念を用いた話し合いを習慣化するということなのです。そのことについて会話したり、会議で議論することができるようになることが、「調査ができる」という意味なのです。企業の中で、話し合いの中心になっていないことは、できるはずがないのです。

変革4　顧客・市場

変革5　顧客価値

---

1. 顧客満足

　1960年代にGEでは事業の戦略と利益や成長の間にはどのような関係があるのかを調査分析するプロジェクトをはじめました。そして1970年代はじめには、PROM（Profit-Optimizing Model）という統計モデルを完成させます。それ以来、GEでは事業計画が的確かどうかを判断するために、このモデルを使っていました。ところが、このPROMは既存の事業にしか活用できない、新規事業には使えないということが明らかにされました。

　そこで1972年、事業を転換させたり、他の事業を加えたりする場合にも利用できる方法はないかということから、PIMS（Profit Impact of Market Strategies）というモデルに改良されました。その年のうちに、このPIMSはハーバード・ビジネス・スクールの調査機関であるマーケティング・サイエンス・インスティテュートに引きつがれ、GEを筆頭に37社の企業がデータを提供しはじめます。そして同年の終わりには57社、620の事業データを含むまでに発展します。1975年にはこの組織は戦略計画研究所へと発展し、この間450社以上もの企業がPIMSプログラムに参加します。

　このPIMS研究によって、長期的に事業の業績に影響を与える唯一の要素は、競争相手に対する製品およびサービスの相対的な品質であることが証明されました。品質の競争優位性は、次の二つの理由によって業績を向上させるということがわかったのです。

□短期的には、優れた品質は価格の優位性を導き、収益の増加をもたらします。PIMS研究によれば、相対的品質で上位3分の1にランクされた製品やサービスは、下位3分の1にランクされた製品・サービスに比べて平均5〜6％高い価格で売られていました。

□長期的には、相対的品質をより優れたもの、あるいは改善されたものにすることにより、事業を成長させます。品質はまた、市場を拡大させるとともに、市場シェアの上昇にもつながります。つまり、全体量が拡大することは、競合企業に対して規模の優位性を増大させるのです。

品質改善に払われたすべての努力がペイするわけではありません。品質改善が追加費用を生み出し、それが利益を上回ることもあります。けれども、データはほとんどのケースで品質戦略が成功を示していることを明らかにしたのです。

2．決定的な幹部の態度

またＰＩＭＳに関連して行ったＧＥにおける調査によれば、競合社と比較して品質評価の低い事業の幹部の態度は次のようなものでした。
・顧客の立場からの検討を軽視している。
・製造過程において許容誤差の少ないことを高品質だと信じている。
・品質目標を製造過程に合わせて設定している。
・品質目標を単位当たりの不良品発生率で表している。
・品質管理システムを製造機能にのみ適応させている。

逆に、顧客から賞賛される製品を担当している事業の幹部は、次の通りでした。
・頭で描く顧客の期待ではなく、現実の顧客の期待を強調している。
・顧客調査によって、顧客の真のニーズを把握している。
・顧客の側に立った品質測定基準を適用している。
・製造過程だけでなく、全ての活動に品質マネジメント・システムを適用している。

この研究をまとめたハーバード・ビジネス・スクールのバゼル教授と戦略計画研究所のゲール氏は次のように言っています。

　…多くの事実が相対的な品質が有効なことを示しているのにもかかわらず、なぜ多くの企業は顧客側に立った品質の測定を行わないのだろうか。おそらく、彼らを踏みとどまらせているのは、クロスビーやデミング、ファイゲンバウム、ジュランといった品質管理の指導者たちが、品質の内部業務的な側面に注意を向け過ぎたためであろう。
　企業は、広範囲に及んで顧客のニーズや選好を理解し測定するよりも、千単位当たりの不良品を数える方が簡単だと考えた。広い範囲で顧客の立場に立った品質を分析したり、相対的品質を明らかにすることの経験のなさが、ますます消極的態度にさせている…

変革5　顧客価値

事情は日本も同じです。品質管理、品質改善という言葉が工場の生産管理部門で行うものという狭いイメージを持たせてしまっています。けれども競争するためには、経営者や管理者は、品質形成の外部の側面に目を向け、理解し対処しなければなりません。元ＧＥ ＣＥＯのジャック・ウェルチは言っています。

「相対的品質は、顧客のロイヤルティを保証する最大のものである。それは他社との競争に対する強力な防衛力であり、成長と利益をもたらす唯一の手段である。手段ではなく、目的に焦点を絞ったことにより、 管理者たちに、社会がどういう価値づけをしているか、どのように人々は生きているのか、顧客は何を求めているのかを理解することを余儀なくさせた」

3．品質レベル

ＰＩＭＳの方法はこういうものです。個々の事業単位は、製品・サービスの相対的な品質の測定値を毎年報告します。相対的な品質は、顧客が他社と比較して評価するものだから、場合によっては製品ばかりではなく、取り付けサービスなどの品質も含めて測定されます。

ＰＩＭＳでは、担当者は、顧客が購入の決定をする際に考慮すると思われる製品・サービスの主要な属性のうち価格以外のすべてを判定する「品質プロフィール」を作成します。その際、製品・サービスの属性の重要度が全体として100になるように品質要素ごとに点数配分をします。最後に、個々の製品・サービスの属性について、自社製品と主な競合者のそれとを1から10のスケールで評価します。このようにして品質スコアを求めます。高品質スコアは、優先順位の高い属性について競争相手よりも高く評価されることによって得られるわけです。

顧客にとって「品質」が意味するものは、製品・サービスによって大きく異なっています。工作機械でいえば、重要な品質要素として、耐久性、労賃（作業のしやすさ）、メインテナンスのしやすさなどが含まれるでしょう。食品なら、味や安定性、調理のしやすさなどが重要です。総合的な品質の向上を目指すどのような戦略も、この個々の品質要素の観点から計画されなければなりません。

クオリティ創造の戦略ステージ

第１段階	第２段階	第３段階	第４段階
準拠品質	顧客満足	知覚品質と競合的価値	顧客価値マネジメントの鍵としてのクオリティ
要求合致	顧客接近	競合企業より市場（自社、競合顧客）に接近	顧客価値分析手法の活用と測定（競合状況の追跡、事業領域の決定、評価取得）
初めを正しく	ニーズ・期待の把握	競合顧客と自社顧客を顧客価値分析で比較	標的市場のニーズ変化に伴う組織（人とプロセス）
ロス削減	顧客主導に	敗戦商談、受注減の原因明確化	全体の調整
【焦点】社内業務	【焦点】顧客	【焦点】標的市場変化と実績の競合比較	【焦点】戦略枠組み全体のなかでクオリティと価値が決定的な役割

変革5　顧客価値

４．知覚品質要素

　製品・サービスの全体的知覚品質を高めて、業績の向上に活かすためには、それがどのような要素によって構成されているのかを明らかにする必要があります。

　全ての製品・サービスに共通する知覚品質の要素はありません。知覚品質の要素は独自に考え、創造するものなのです。

　ただ、自社の知覚品質を考える際に参考になる一般的な知覚品質要素があります。

［**有形製品の知覚品質要素**］

・基本性能…筆記具なら「書ける」、時計なら「時を刻む」など、製品の基本的特性、性能や機能、効用など。

・特徴…筆記具でも時計でも「デザインがいい」「軽い」など、製品の二次的要素で、製品が類似の場合には、この要素が分別手段となります。

・規定品質…仕様書通りに出来ているかどうかです。不良品でないということ。

- 信頼性…筆記具なら「いつでも書ける」時計なら「止まってしまわない」など、基本性能が一貫して、いつでも得られること。
- 耐久性…過酷な条件でも簡単には壊れない、長期間の使用に耐える、耐用年数など。
- サービス性…故障や問い合わせへの対応力。
- 美しさ…仕上がりの良さ、洗練された外形・美観など。
- 名前…名前から連想されるイメージ要素など。

[サービスの知覚品質要素]

- 有形要素…ホテルやレストランのハードウェア、物的な施設、設備、什器、従業員の衣装など。
- 正確さ…依頼内容を間違いなく提供できる、予約や支払い、問い合わせに正しく答えられる。
- 専門能力…当該サービスを提供する能力、医師の治療能力、教師の教育能力など、プロフェッショナル、専門家としての知識、技能など。
- 反応の良さ…顧客に機敏に反応したり、要求に迅速に対応できる。
- 共感性…顧客の事情や都合をわかり、共感的に対応できる。
- 約束を守る…依頼や約束を忘れずに約束した通りに必ず果たす。
- 頼りになる…困ったときに助けてくれる、難しい依頼や面倒なことにも応えてくれる。
- 礼儀…マナー、エチケット、礼儀作法、接客態度など。
- 安全性…身体的な危険の無さ、法令遵守など。
- 連絡しやすさ…会社と連絡とりやすい、すぐに会いにきてくれる、など。
- コミュニケーション…顧客の期待や要望を真剣に聴いてくれ、話しを発展させることができる。
- 顧客の理解…顧客を知ろう、理解しようと努めている。

変革5　顧客価値

5．知覚品質の検討法

　このように客観的に知覚品質要素を評価し比較分析することによって、自社の顧客満足上の強み弱みがわかってきます。このような検討を経営者や幹部が話し合いながら行うことによって、顧客満足を高めるにはどのような課題を解決する必要があるのかが明かになるわけです。また、例えば5年後の未来の知覚品質を予測することによって、今後の経営革新や段階的改善の方向を定めることもできます。

　しかし、この方法では競合他社との差別化（基本的には類似のやり方で、部分的に違いを出す）は可能ですが、思い切った革新的な経営を創り出すためには、より深い洞察が必要となります。そのためには、知覚品質について次のように多面的な検討をすることが必要となります。

▌（1）やめる、下げる、上げる、創る

- ・業界が当然とみなしている知覚品質要素のなかで、どれを廃すべきか。
- ・業界の水準より相当程度引き下げるべき知覚品質要素はなにか。
- ・業界水準に比べて、十分に引き上げるべき知覚品質要素はなにか。
- ・業界がいままで提供していなかったもので、どのような知覚品質要素をつくりあげると効果的か。

　業界他社が提供している知覚品質を安易に模倣することが多く見受けられます。マーケティングでユニークな製品を発想することをニッチといいます。それに対して、全く類似の製品を発売して、ニッチをつぶしてしまう方法をプラグなどと名づけています。こういった手法が教科書にも紹介されています。つまり、模倣、同質化というのは一つの戦略として広く認められているわけです。

　確かにマーケティングとしては、模倣戦略という考え方もあるのですが、ビジネスとしては微妙な問題をはらんでいます。というのは、他社製品を模倣するというやり方は、いたずらにコストを発生させてしまうものなのです。

　他社がやっているからといって、新たな知覚品質要素を加える場合には必ずコストアップにつながります。したがって、その知覚品質採用がどのような効果を持つのかを子細に検討する必要があるのです。

　顧客が重視していない、期待も評価もしていない知覚品質要素はできるだけ省いていくべきです。もし知覚品質要素を削減してコストダウンができるとすれば、その削減コストの範囲内で新たな知覚品質を加えても全体コストは低下します。コスト削減と顧客満足が同時にできるわけです。

（2）当たり前品質と魅力的品質

同業他社がどこでも同じように提供している知覚品質要素を「当たり前品質」といいます。それに対して、それぞれの企業が独自に提供している知覚品質要素のほうは「魅力的品質」と呼びます。当たり前品質が他社より低い、不足していると顧客不満になってしまいます。一方、魅力的品質がなくても顧客は不満にはなりません。満足度が低くなるだけなのです。

英語では不満はディサティスファクションであり、「嫌がられる、忌避される」ことを意味します。だから「当たり前品質」の評価が低いことはよくありません。一方の「低満足」を英語でいうとアンサティスファクションです。こちらは、「特に惹かれるところはない、これといっていいわけではない」ということを意味します。あるに越したことはないけれど、ないからといって苦情になるわけではありません。

当たり前品質は同業他社の大半ができていることです。もし、自社ができていなければ何としてでもできるようにしなければなりません。しかし、魅力的品質は各企業のコンセプトや戦略から導かれるものなので、企業ごとに異なるのです。他社がやっているからといって、その部分だけをマネしても調和がとれず、失敗する恐れがあります。

（3）機能的品質と情緒的品質

製品・サービスを機能的品質として位置づけるか、それとも情緒的品質と考えるかを明確にします。サービス・ビジネスや製造業でもサービス面でこの位置づけが曖昧だと、親切で丁寧な対応をしてくれる場合があるかと思えば、効率的だがよそよそしくされることもあるという具合で、対応が場合によって異なり、顧客は混乱してしまいます。

機能的品質とは、「重い／軽い」、「長い／短い」、「速い／遅い」、「遠い／近い」など、測定ができ、したがって客観的に比較しやすいものをいいます。一方の情緒的品質とは、個人の趣味嗜好やセンスがあてはまります。ビジネス顧客の場合にはプレゼンテーションや接待などの巧拙は情緒的品質にあてはまるでしょう。こちらは評価が主観的で、人間的要素がかかわってきます。

機能的品質が測定可能なものだから、こちらを定量的品質と考えると、情緒的品質は定性的品質ということになります。

サービス財の場合に機能的レベルが高いのは自動販売機やセルフサービスであり、情緒的レベルが高いのは高級レストランやシティホテルなどのサービスということになります。多くのサービスは機能的品質と情緒的品質の両方で構成されており、戦略的なポジショニングをする際にはそのウェイトを検討することになります。

変革5　顧客価値

（4）ベーシックとオケージョナル

ごく一般的な場合に求められるニーズをベーシック、特別な出来事や状態の場合に発生するニーズをオケージョナルといいます。これは品質ではなく、ニーズを探索するための考え方です。状況によって求められる品質構成がどう異なるのか、という検討に応用することができる考え方です。

通常の場合の知覚品質構成に対して、何らかの事情から緊急対応が必要な場合には、一定期間内の生産数量や短納期が何よりも優先するなどということがあり得ます。こうしたオケージョナルな知覚品質構成をあらかじめ検討して定めておき、臨機応変な対応を可能にするのです。

（5）パフォーマンス・インパクト分析

こうした検討を行わずに顧客満足を検討すると、競合他社が行っていることをなんでも模倣する、取り入れるということに陥ってしまいます。それが習慣化すると、模倣する内容が羅列されたアクションリストが毎度できあがります。これは、アクション相互の因果や作用について十分な検討をしないので、「速さと丁寧さ」のようにアクション間に矛盾や相殺が生じることが多くなります。つまり自社の文脈やストーリーが破壊されてしまうのです。

いずれにしても、知覚品質要素については自社内での優先順位づけだけでなく、顧客側からの優先順位を確認する必要がります。その手法をパフォーマンス・インパクト分析といいます。

パフォーマンス・インパクト分析

	高い重視度	低い重視度
高い満足度	a. 望ましい状態	c. 無駄なコストの可能性
低い満足度	b. 問題の状態	d. 対策の必要なし

知覚品質要素それぞれについて、満足度のレベル評価とは別に、重視度レベルを調査します。そしてこの両者をクロスして評価すると、a 高重視要素で高満足、b 高重視要素で低満足、c 低重視要素で高満足、d 低重視要素で低満足の４タイプにわけられます。このうち、問題として掘り下げる必要があるのは、bだけなのです。dはなにも対策を検討する必要はないし、cにいたっては顧客が重きをおいていない、つまりムダなことをやっているのかもしれません。たいして進展度のない度重なる打ち合わせ、本質から外れた提案、退屈きわまる接待など、顧客側は不要と感じていることを平気で繰り返しているとすれば、むしろそのことのほうに対策が必要です。

6．品質から価値へ

　顧客満足（度）という考え方は、取引プロセスを通じて顧客が評価する知覚品質を改善改良しようとするものでした。その焦点はあくまでも既存顧客による評価であり、そのための顧客満足度調査が盛んに行われています。

　こうした既存製品・既存サービスのカイゼンとは別に、マーケティングでは新製品・新サービスを開発するために顧客や市場を洞察します。この洞察のことを最近では「インサイト」と表現しているのです。インサイトは、顧客の行動観察や定性的インタビューなどによってコンセプトを創造することまでを指しており、価値創造全体の意味を含んでいます。

▌（1）価値の転換

　特定の製品・サービスが売れている場合、その製品・サービスの価値焦点が顧客に受容されているわけです。競合製品やブランドがこの位置を確保している場合、その価値焦点を移行させない限り、自社に勝ち目はありません。

　かつてのアメリカにおける乗用車市場では、アメリカ車の「豪華で大きい」ことが価値焦点でした。この価値焦点のままでは、日本車やドイツ車はアメ車に勝てません。そこで日本やドイツのメーカーは、「故障しない」ことへ価値焦点を移行させました。当時、日本やドイツのメーカーは、社交の場などで世間話をする際に、さりげなく車について尋ねます。例えば「愛車はキャデラックですか、素晴らしい車ですよねえ」と返し、「それで…故障したりしませんか？」と小声でささやくのです。相手の方はこういわれると、「そういえば、よく故障するんだよな」とアメ車の弱点に徐々に気づいていくわけです。これを繰り返すうちに、日本やドイツ車ファンが増えていったのです。こういう方法をウィスパー・キャンペーンといいます。

　日本国内にも似た例があります。「泡立ちの良さ」が家庭用洗剤の価値焦点であったのに対して、花王のアタックは酵素効果による「洗浄力の高さ」への移行を促して競合ブランドに圧倒的な差をつけて勝利することができました。

▌（2）価値の増幅

　レビットは、単なる物質レベルの「製品」を一般製品、顧客の期待レベルに達しているものを期待製品、期待を上回るレベルを増幅製品、さらに可能性を追求する

レベルを潜在製品と呼びました。このモデルを応用して価値創造を検討しようとするものが「価値の増幅」アプローチと呼ばれるものです。

- ・一般製品：顧客が選択する商品としてのレベルにはなっていない。
- ・期待製品：顧客が期待する商品としてのレベル。市場に参加できる。
- ・増幅製品：他社製品と比較して、何らかの差別化をしている。
- ・潜在製品：さらに潜在ニーズを探索し、可能性を探る。

（3）価値の組み替え

　通常、競合企業同士の価値構成は似てきますが、その中で自社の特徴を出すために、要素のウェイトを変えていきます。品質における「やめる、下げる、上げる、つくる」とパフォーマンス・インパクト分析を重ね合わせたようなアプローチです。

　現在の価値構成は、過去の体験からつくられていますが、様々な変化に伴い、顧客の重視や期待の内容も変わってきます。そこで顧客を観察してみると、従来は重視されていた価値要素が最近はあまり重視も期待もされていないことがわかったとします。逆に従来はさほど重視されていなかった要素が、最近は非常に重視されてきているようです。そこで、従来重視型の要素をレベルダウンさせ、新たな重視要素を向上させます。そうすると、結果として価値の構成内容が従来とは組み替えられてしまうわけです。

　パリのアコールというビジネスホテルは、レストラン、外観、バー・ラウンジ、客室の広さ、フロントの対応、アメニティグッズ、ベッド、清潔さ、静かさと10の価値要素について調べました。すると、今ではコンビニも近所にあるし、飲食店もあるのでレストランはなくてもいいということがわかりました。観光旅行でないビジネス客にとって、建物の外観もどうでもいいことでした。一杯飲む人は街中の店にいくので、ホテル内のバー・ラウンジを利用するお客様はほとんどいません。客室では疲れて寝ている人が多く、部屋の広さを気にしているお客様はいませんでした。フロントにシティホテルのような丁寧さを期待している人はいないし、ビジネスホテルの常連である若者たちはアメニティを持参していました。

　それに対して、お客様が何としてでも確保したいことは、「熟睡」でした。睡眠に関係するのはベッド、清潔さ、静かさの3要素です。そこでアコールは、顧客が期待していない7要素のレベルを落とし、睡眠に関係する3要素に集中的に投資をしました。この方法は、その後のビジネスホテル業界における基本的な価値構成となりました。

変革5　顧客価値

7．行動を想像し、価値を創造する

　どれほど独自性、稀少性の高い価値でも、それが売れれば売れるほど、他社が模倣してくることは防ぎようがありません。稀少性の期間、いわば賞味期限を少しでも長引かそうとすることを模倣困難性ということはＶＲＩＯのところで触れました。これには、プロセス不明確と経路依存性という方法があります。

　プロセス不明確は、競合他社が同じ製品やサービスをつくろうとしても、そのつくり方がどうしても分からないというものです。製品設計や製造工程というのは、設計図やフローがあれば、同業者ならどこの企業でも模倣できる筈です。そうでないと、自社の社内で技術が伝承されないことになってしまいます。だから、Ａ社にできるのにＢ社にできないという場合、両者の差＝違いは設計図や業務フローという明示的なところにあるわけではないのです。

　そういうところではなく、例えば料理のおいしさやクルマの乗り心地、部品の施工しやすさ、装置の使い勝手のような、些細で誰も気がつかないような〈ちょっとした問題〉に気づく社員が多い、などということなのです。それは、自然にそうなったわけではなく、そういう〈細部に気づく〉文化なり習慣を意識的につくってきた結果なのです。

　そういう文化や習慣をつくってこなかった企業では、そんな細かなことは誰も気にしないと思っています。この違いというのは、習慣のない側から見ると、なぜなのか、どこがどう違うのか全くわかりません。文化の違いというものは、目に見えない、耳に聞こえないのです。だから、マネをしようとしても無理なのです。

　天才デザイナーのジョナサン・アイブは、アップル時代に、もっとイメージにあう部品がないかと探し回っていました。そんなときに、同業他社から移籍してきたエンジニアが必ず口にする「もっと安くできるのがあります」にほとほと嫌になったそうです。これを裏付けるようなスティーブ・ジョブズのデザイン観があります。それは次のようなものです。

　デザインを差別化の手段だと思っている人が多すぎる。全く嫌になるよ。それは企業側の見方だ。顧客や消費者の視点じゃない。僕たちの目標は差別化ではなくて、これから先も人に愛される製品を創ることだとわかってほしい。差別化はその結果なんだ。

たいていの人はデザインをお化粧と勘違いしている。だが私にとって、デザインはその対極にある。デザインとは人間の創造物の中心にある魂のようなものだ。

リーアンダー・ケイニー『ジョナサン・アイブ』

　経路依存性は、競合他社がつくろうとすればつくれるのですが、時間や労力が膨大にかかるために、簡単には取り組めません。例えばブランドは長い年月を費やして、クールとか先端的、本質的などというイメージをつくってきたものです。だから、既に高いブランド・イメージを持っている企業と同等のブランドをつくろうとすれば、長い年月が必要になります。仮に同じ年月をかけてブランドをつくったとしても、相手企業はその時にはより効果的なブランド・イメージへ変化しているかもしれません。つまり、永遠に追いつけないかもしれないのです。

　ブランドと同じことが社員能力にも言えます。例えば、上司の指示にしたがって業務を行うということを部下に教えている企業はたくさんあります。しかし、ものの見方、観察の仕方を絶えず問いかけている企業は多くはありません。この二つの企業でそれぞれ入社して10年経ったとき、同じ10年選手同士を比べてみると、天と地ほどにレベルが違ってしまっています。一方は自分自身で考えることを当然のように行っているのですが、もう一方には「指示待ち」社員しかいないのです。

　稀少性をもった高い価値をある期間続けている企業では、総じて社員の観察能力がハイレベルです。これは、彼らが入社時点から、そうした経験をくり返し学習して身につけているからなのです。観察というのは、そこにあるモノや人の関係を見ることです。その関係を別の関係に置き換えたらどうなるだろうか、と見ることでもあります。こうした思考法は、顧客現場での隠れたニーズの発見にも通じるし、自身のアイデアや提案によって、顧客現場における諸関係がどう変わるのかを想像することでもあります。

8．エスノグラフィー

　顧客価値の発見や発想は、大々的なマーケット・リサーチの結果からは生まれません。一人ひとりの社員の日常的な観察や、ちょっとした聞きこみから生まれるものなのです。それらをエスノグラフィーといいます。

変革5　顧客価値

コラム　観察のＡＥＩＯＵ

Activities（行動、行為）

どのような行動、行為か

どのようなプロセス、ステップで行動しているか

習慣的な行動はあるか

Environments（空間、周辺環境）

どのような空間や環境に囲まれているか

どのような機能や雰囲気がある空間か

空間や環境からどのような影響を受けているか

Interactions（関係性、相互作用）

人と人の関係性はどのようになっているか

人とモノの関係性、人と環境の関係性はどうか

Objects（モノ）

どのような特徴的なモノが存在しているか

モノから推察、示唆されることはあるか

人や空間・周辺環境にどのような影響を与えているか

Users（人）

対象者はどのような動機や価値観を持っているか

対象者以外にはどのような人が関係しているか

人々の役割や関係性はどのようなものか

エスノグラフィーとは、文化人類学の用語で現地調査ノートのことですが、要するに観察やインタビューをすること全体を意味します。「ちょっと計器が見えにくいな」、「なんで工具の場所が遠いんだろう」、「部品集めに随分時間がかかっているな」など、簡単なものはちょっと観察すれば気づきます。しかし、そうしたことがこの現場だけのことなのかどうかが分かりません。そこで、他の企業の現場でも同じ傾向がないものか注意深く見てみます。同じ傾向がいくつか発見されれば、それを解決する製品をつくることは価値になり得るし、ある程度の販売量が見込めることになります。そして、他社がそういう視点で見ていないかぎりは、しばらくの間は稀少性を確保することができるでしょう。

変革
5

顧客価値

9．ストーリーをきく

　顧客現場で問題やニーズを探す、あるいはその途中で解決のアイデアがひらめくことがあります。そうしたことを顧客インサイトと呼びます。インサイトは洞察とか識見という意味ですが、要するに顧客についての理解が深まること、新たな発見をすることでもあります。インサイトには観察もありますが、もうひとつ必要なのはインタビュー能力です。

　インタビューとは、単に「これは、どうしてこうなっているんですか」と聴くことではありません。相手が話すことに協力して、相手の話の内容を明瞭化したり、エピソード化したり、様々に発展させていくことの全体を意味しているのです。

▌（1）不用意な質問

　インタビューというと、「どのような考え方で取り組んでいますか？」、「どういうやり方をされていますか？」、「〜についてどのようにされたのでしょうか？」というタイプの質問を思い浮かべる人が多いようです。相手の方が優れたストーリー・テラーならば、こうしたきき方でも、よいストーリーを受け取ることができるかもしれません。

　しかし、普通の人がみな良きストーリー・テラーというわけではありません。ストーリー・テラーならば、興味深いエピソードや、風変わりな登場人物から話を始めてくれるでしょう。でも普通の人は、「基本的な考え方は、よい品質のものを定時までにお客様にお届けすることです」などと当たり前のこととか、「業務の流れはこうです」と手順や手続きを話しはじめてしまいます。

　これはビジネス・パーソンに限った反応ではありません。消費者の場合にも、こうした質問をすると、「使いやすいクルマがいいですね」、「住みよい家が欲しいです」、「おいしいものが食べたいですね」、「広告はあまり見ません」、「（好きなものが）気に入りました」などと、やはり当たり前の返答が返ってきます。これでは、どういうことなのか一向にわかりません。

　多くの人は自分の思考や行動を客観視することなく、一般的に良いとされていることを正しい方法、良識的なやり方と思っています。だから、ごく当たり前の質問にはこのような当たり前の"答え"を返してしまうのです。誰でもそうですが、"答え"を探しているときには考えてはいません。「そのようなもの」、「そのようなこと」を返してくるだけなのです。だから、答え探しをさせてしまうような質問は

決してしてはいけないのです。

　B to B の顧客でも、「PDCAを回して…」、「QCDを検討して…」、「顧客の要求要件を聞き出して…」などという、当たり前の手順・手続き型の"答え"を返してくる人がたくさんいます。不用意な質問をすれば当たり前の情報が返ってきてしまうものなのです。しかし、当たり前のことを知るためにわざわざインタビューをする必要はありません。

（2）不要な「普通」と「平均」

　誰でも、どの家でも、どの会社でも同じようにやっていることを尋ねても意味がありません。手順や手続き、あるいは作法などは、どこも大差ありません。だから、そういう内容を聞いてはいけないのです。

　インタビューの目的は、ストーリーを明らかにすることです。ストーリーといっても小説やドラマのようなものではありません。もともとストーリーとは架空のことだけではなく、現実の出来事についても使う言葉なのです。事実や状況の描写が話としてわかりやすく、想像しやすくなっていることをストーリー的と呼んでいるのです。逆に断片的な情報の羅列や、箇条書き的に項目が並んでいるだけ、時系列や順序など表現の作法が守られていないものはストーリーになっていないと言われて拒否されるのです。

　インタビューがストーリーを聞き出すためにあると考えると、質問はストーリーに沿ったものでなければなりません。ストーリーという全体像を考えずに、ただ断片的に聞きたいことを尋ねるような不用意な質問をしてはいけないのです。

　不用意な質問とは、例えば「A社の○○について、気に入っていますか、いませんか」というものです。気に入っているかどうかをクローズ・クエスチョンで尋ねています。多くの答えは「そうですね、どちらともいえませんね」か「まぁ。気に入っているほうですよ」となるでしょう。この種の質問に対しては、人は答え探しをするだけで、真剣に考えようとはしてくれません。だから、話はそこで終わってしまい、ストーリーは聞き出せません。

　「A社の○○にがっかりしたときのことを教えてください」と質問したらどうでしょうか。こういう聞き方をすれば、相手は記憶をたどってくれます。そしてぴったりのケースや、それに準ずるケースを思い出して、"どんな出来事があったのか"を話してくれるのです。「いや、それほどがっかりしたわけではないのですけど…」と相手が話し始めてくれれば、その話にからめて様々な角度から質問を続けること

変革 5　顧客価値

ができます。一生懸命に興味深く傾聴すれば、相手はそのストーリーに関連してさらに掘り下げてくれるでしょう。

ストーリーは、何かの問題や苦境、不具合、事件、事故などの困った事態に関連しています。だから、そういう事態について尋ねられると、最も思い起こしやすいのです。また逆に、喜びや成功、達成、幸運など"うれしかったケース"も話しやすいものです。もっとも話しにくいものは、当たり前の普通のことです。ごく普通のことは記憶にとどまっていませんから、ディテールを話すようなストーリーにはなり得ません。だから、当たり前のことをきくと、「いつもと同じような手順で段取りを組みました」、「どうということのない一日でした」という当たり前の話になってしまうわけです。

（3）細部にこだわる

手順・手続きでなく、ストーリーを聞き出すということは、一つのケースについて細部にわたる色々な要素・要因の関連やつながりを明らかにすることでもあります。そして、その関連やつながりを引き出すために、「話に共感している」、「引き込まれている」と相手が感じるような反応をするのです。関連質問や追加質問はこの共感的な反応として発しなければなりません。「えーっ、そんなことになってしまったんですか、それはショックだったでしょうねえ！そういう時ってどんなお気持ちになられるもんですか？」とか、「えっ、そんな！その状況をどう表現したらいいんでしょうか？」などと、相手の気持ちをしっかりと受けとめながら、関連やつながりを質問していくのです。

「そうですか、でお気持ちは？」といった、よそよそしい反応では、相手は尋問されているように感じ、話す意欲を失います。また、「なるほどですね」とか「そうですね」という気持ちのこもっていない反応は相手に不快感を与えてしまうでしょう。インタビューだけではなく、大人同士の会話において、「そうですか」「なるほど」のような、単なる返事は対話を止める不快なものなので、自ら禁じておくべきです。

しかし、ただ質問を続ければよい訳ではありません。質問はストーリーを聞き出すためのものであって、関係のない質問はノイズとなり、かえってストーリーや文脈を壊してしまいます。例えば「それはそれとして、△△は最近どうですか？」などときく人がいます。あるいは「それについて、○○教授がこう言っていますねぇ」と知ったかぶりをする人がいます。こう言う人は相手を不快にするためにインタビューしているようなものです。

変革5 顧客価値

参考図書

1．佐藤郁哉『社会調査の考え方』東京大学出版

2．藤本隆宏『能力構築競争』中公新書

3．S.I. ハヤカワ『思考と行動における言語』岩波書店

4．ウルリッヒ／プローブスト『全体的思考と行為の方法』文眞堂

5　リーサック／ルース『ネクスト・マネジメント』ダイヤモンド社

6　佐藤郁哉『大学改革の迷走』中公新書

7　ジム・コリンズ／ジェリー・ポラス『ビジョナリー・カンパニー』日経 BP 社

8　野中郁次郎他『イノベーション・カンパニー』ダイヤモンド社

9　網倉久永／新宅純二郎『経営戦略入門』日本経済新聞出版

10　G．ハメル／C．K．プラハラード『コア・コンピタンス経営』日本経済新聞出版

11　M．トレーシー／F．ウィアセーマ『NO.1 企業の法則』日本経済新聞出版

12　広野彩子『世界最高峰の経営教室』日経ＢＰ社

13　ジェイ B．バーニー『企業戦略論（上）基本編』ダイヤモンド社

14　リサ・ヘインバーグ『組織開発の基本』ヒューマンバリュー

15　ロッサー・リーブス『USP』海と月社

16　マイケル・ソロモン『ソロモン消費者行動論』丸善出版

17　宮内泰介『自分で調べる技術』岩波書店

18　野村進『調べる技術・書く技術』講談社現代新書

19　永江朗『インタビュー術！』講談社現代新書

20　小田豊二『「書く」ための「聞く」技術』サンマーク出版

21　木下是雄『レポートの組み立て方』ちくま文芸新書

22　黒木登志夫『知的文章とプレゼンテーション』中公新書

23　ヴォーン他『グループ・インタビューの技法』慶応義塾大学出版会

24　梅澤伸嘉『グループダイナミックインタビュー』同文館出版

25　奥泉直子他『ユーザーインタビューの教科書』マイナビ出版

26　エイミー・ハーマン『観察力を磨く名画読解』早川書房

27　末永幸夢『13 歳からのアート思考』ダイヤモンド社

28　小田博志『エスノグラフィー入門』春秋社

29　麻生武『「見る」と「書く」との出会い』新曜社

30　神田房枝『知覚力を磨く』ダイヤモンド社

31　ジェームス・ヤング『アイデアのつくり方』ＣＣＣメディアハウス

32　山口周『世界のエリートはなぜ「美意識」を鍛えるのか？』光文社新書

33　山口周『仕事選びのアートとサイエンス』光文社新書

［著者紹介］
岡本　正耿（おかもと　まさあき）

株式会社マーケティングプロモーションセンター 代表取締役
早稲田大学大学院 客員教授
地域経営品質賞 判定委員長
（秋田県・茨城県・岩手県・京都府・埼玉県・千葉県・新潟県・三重県）
会津若松市経営品質賞委員会 委員長
アセスメント基準書改訂ワーキング 総括
日本能率協会マネジメントスクール 専任講師
著書：『経営品質入門』『行政経営改革入門（共著）』『要点解説　マーケティング実務入門』
（以上生産性出版）他多数

Japan Quality Award

Ｃは、Customer（顧客）の頭文字であり、これがマークの中心に位置
しています。その中に「社会」「経済」「社員」の価値をイメージした
３つの潮流が流れ込んでいます。それぞれの価値が相互に関連し合い、
顧客に目を向ける経営の姿勢を表現しています。

自己革新実践ガイドブック

２０２２年９月３０日　第１刷

著者：岡本　正耿

発行：経営品質協議会
〒102-8643 東京都千代田区平河町 2-13-12　（公財）日本生産性本部
URL https://www.jqac.com　　E-mail jqa-info@jpc-net.jp

発売：生産性出版／（公財）日本生産性本部
〒102-8643 東京都千代田区平河町 2-13-12　（公財）日本生産性本部
電話　03（3511）4034 URL https://www.jpc-net.jp

装丁・本文デザイン：RANDO DESIGN

印刷・製本所：文唱堂印刷株式会社